ANDRÉ UND MIRELA STANLY

Unnützes Wissen WIEN

711 ERSTAUNLICHE FAKTEN

emons:

Bibliografische Information der Deutschen Nationalbibliothek

Die Deutsche Nationalbibliothek verzeichnet diese Publikation in der Deutschen Nationalbibliografie; detaillierte bibliografische Daten sind im Internet über http://dnb.d-nb.de abrufbar.

Lektorat und Bildredaktion: Ulrike Burgi, Köln

Konzept, Satz und Gestaltung: Weusthoff Noël, kommunikation, design, Hamburg

Umschlaggestaltung: Weusthoff Noël, kommunikation, design, Hamburg

Druck und Bindung: B.O.S.S Medien GmbH, Goch

ISBN 978-3-95451-875-3

BRAUCHT MAN FIAKER AUF DER STRASSE, 45 KAFFEESORTEN UND EINEN HOFRAT?

Braucht man eine Eitrige um 3 Uhr in der Früh beim Sacher, einen goldenen Schani im Stadtpark und einen Wurstelprater im Winter?

Ein nüchterner amerikanischer Quantenforscher würde wahrscheinlich sagen, empirisch ist das alles unnütz. Aber für einen Wiener ist das Wien.

So erscheinen auch manche Fakten in diesem Buch nur auf den ersten Blick unnütz. Wie zum Beispiel diese:

»DIE MEISTGESTOHLENE AUTOMARKE IN WIEN IST VW.«

»DIE MEISTEN AUTOS WERDEN IM 22. UND 23. BEZIRK ENTWENDET.«

Was aber wirst du machen, wenn du ein neues Auto kaufen möchtest? Entweder keinen VW kaufen oder ihn nicht im 22. und 23. Bezirk abstellen ;-)

Auch dieser Fakt wirkt zunächst total unnütz:

»IM US-BUNDESSTAAT WISCONSIN GIBT ES EINE SIEDLUNG NAMENS WIEN. DIE NÄCHSTGELEGENE GRÖSSERE STADT HEISST WAUSAU.«

Wahrscheinlich wirst du dich niemals in diesen nach der Bundeshauptstadt benannten Flecken Erde verirren, der von 825 Menschen bewohnt wird und in der Nähe einer lustig auszusprechenden Stadt liegt.

Wozu also könntest du diesen Fakt gebrauchen?

Stell dir vor, du bist eines Tages auf einer Party, bei der jemand mit seinen Wien-Kenntnissen prahlt und »Insiderwissen« aus »TripAdvisor.de« zum Besten gibt. Dann wirf doch einfach diesen Fakt in die Runde! Mal sehen, was er darauf zu erwidern weiß.

Und dann trittst du noch damit nach:

»WENN MAN VON WIEN AUS EIN LOCH DURCH DEN MITTELPUNKT DER ERDE BOHRT, KOMMT MAN MITTEN IM PAZIFIK IN DER NÄHE DER NEUSEELÄNDISCHEN INSEL PITT ISLAND RAUS.«

Und genau so verhält es sich mit allen **711 bunt durcheinandergewürfelten Fakten** in diesem Buch. Es kommt immer auf den Blickwinkel an. Was du mit ihnen anfängst, bleibt dir überlassen. Ob du darüber staunst, darüber lachst, damit angibst oder sie einfach als leichte Lektüre auf der Toilette griffbereit hast.

Wir wünschen viel Vergnügen, denn: »Wissen ist Macht, unnützes Wissen macht Spaß!«

001 // DAS GESAMTE STRASSENNETZ WIENS MIT DEM TAXI ZU DURCHFAHREN WÜRDE 2.962 EURO KOSTEN.

---

002 // Blaue Wiener war die ***Kaninchenrasse des Jahres 2010***.

003 // Wien heißt auf Polnisch ***Wiedeń***.

004 // Gibt man in Microsoft Word das Wort »Hietzing« ein, wird es rot unterwellt, und die ***Autokorrektur*** schlägt stattdessen »Mietzins« vor.

005 // In der Wallensteinstraße 17 im 20. Bezirk befindet sich die ***»Kofferzentrale«***.

006 // Das Wien Museum besitzt den abgelaufenen »Lichtbildausweis für Fremde« des ***deutsch-österreichischen TV-Comedians Dirk Stermann***.

007 // LAUT ÖSTERREICHISCHEM TELEFONBUCH GIBT ES IN WIEN 39 ECHTE »WIENER«.

TAXI

RAFET
EL ROMAN
12.09.2015
CLUB34

008 // Auf der Hietzinger Hauptstraße ordiniert der ***Frauenarzt*** Dr. ***Macho***.

009 // ***Fleischermeister*** Paul Horvath jun. von der Fleischerei Horvath am Yppenplatz ***kann kein Tier umbringen***.

010 // Bereits 1902 wurde in Wien der ***erste Wiener Vegetarier-Tag*** abgehalten.

011 // Im Wienerischen bedeutet ***»Pedigree«*** Vorstrafenregister und ***»Schapi«*** Verbandszeug.

012 // DER STEPHANSDOM IST UNGEFÄHR SO HOCH WIE 28 GIRAFFEN.

---

013 // ***»Wiener Loch«*** hieß 16 Jahre lang eine brachliegende Baugrube in bester Innenstadtlage Dresdens am Wiener Platz.

014 // Ein spezieller Wellendichtring für Maschinengehäuse wird ***»Simmerring«*** genannt.

015 // Der Erfinder des Simmerrings war der Wiener ***Walther Simmer***.

016 // DIE MEISTGESTOHLENE AUTOMARKE IN WIEN IST VW.

017 // Im Wurstelprater gab es ab 1845 ein Affentheater. Einer der Starkomiker-Affen hieß ***Joko***.

018 // In der Marchfeldstraße im 20. Bezirk, die direkt an die ***Meldemannstraße*** grenzt, in der Adolf Hitler während seiner Wiener Zeit gelebt hat, befindet sich das Chinarestaurant »Siegreich«.

019 // Auf der Speisekarte des Restaurants ***»Siegreich«*** steht ein ***»Heimatfisch«***.

020 // Ein von Johann Palisa 1882 an der Universitätssternwarte Wien entdeckte Asteroid heißt ***Vindobona***.

021 // DER SAGE NACH SCHLOSS DER WIENER DOMBAUMEISTER HANS PUCHSBAUM EINEN PAKT MIT DEM TEUFEL, WIRD VON DIESEM ÜBERLISTET UND STÜRZT VOM GERÜST DES DOMES.

022 // Das ***erste Postsparkassen-Sparbuch*** mit der Nummer 000.001 war ausgestellt auf Kaiser Franz Josef I.

023 // Im Burgtheater wird die verbrauchte Luft der Zuschauer von einem ***Blaseengel am Dach*** durch den Luster in der Decke abgesaugt.

024 // Zu Anfang des 20. Jahrhunderts gab es in Wien noch ***vier Dialekte***: Favoritnerisch, Ottakringerisch, Floridsdorferisch und Meidlingerisch (»Meidlinger L«).

025 // Das ***»Weight Watchers«***-Center Wien befindet sich im Stubenring 18 direkt über dem lateinamerikanischen ***Restaurant »Mercado«***.

026 // Der Urenkel von Johan Georg Lahner, Leopold Lahner, erfand genau 100 Jahre nach Erfindung der Frankfurter Würstel 1905 in Wien die ***Würstel im Schlafrock***, die er »Knacki-Fracki« nannte.

027 // Ein Teil des alten ***Rinderschlachthofs*** St. Marx wurde 2002 Anton-***Kuh***-Gasse benannt.

028 // AUF DER ÖFFENTLICHEN JUGENDSTIL-BEDÜRFNISANSTALT AM PARKRING STEHT NOCH »PISSORT« STATT PISSOIR IN ANLEHNUNG AN »ABORT«.

---

029 // Nach der Form einer Toilettenanlage am Parkring wurden die alten ***Wartehäuschen der Wiener Straßenbahn*** gestaltet.

030 // Laut ***»Big-Mac-Index«*** muss man in Wien durchschnittlich 14 Minuten arbeiten, um das Geld für einen Big Mac zusammen zu haben.

031 // In einen Simmeringer Gasometer würde der Inhalt von ***1,4 Millionen Badewannen*** passen.

032 // Christoph Waltz trat 1977 bei der im Wiener ORF-Studio aufgezeichneten Kindersendung ***»Am Dam Des«*** als Verkörperung des Jahres 1977 auf und sang ein Lied.

033 // ***Alfons Haider*** sprach von 1985 bis 1991 die Figur des Helmi.

034 // Im Wienerischen sagt man zu einem ***Zuhälter auch »Alfons«***.

035 // In Wien werden jedes Jahr ***70.000 Tonnen*** noch genießbare Lebensmittel weggeworfen.

036 // IN WIEN STEHEN 35.000 WOHNUNGEN LEER, 10.000 DAVON LÄNGER ALS 2,5 JAHRE.

037 // ***Der Wiener Fabrikant Göbl*** erfand im 18. Jahrhundert zum Abmessen seiner Seidenbänder die Methode, jede fünf Ellen eine Marke auf die Bänder zu kleben, das sogenannte »Fünferln«. Daher kommt der Ausdruck »Du kannst mi buckelfünferln« für »Du kannst mich am Arsch lecken«.

038 // Das Gesicht der Frauenfigur Moldau auf der Rückseite des Pallas-Athene-Denkmals vor dem Wiener Parlament war 2012 auf dem Cover der CD »Tempest« von ***Bob Dylan*** abgebildet.

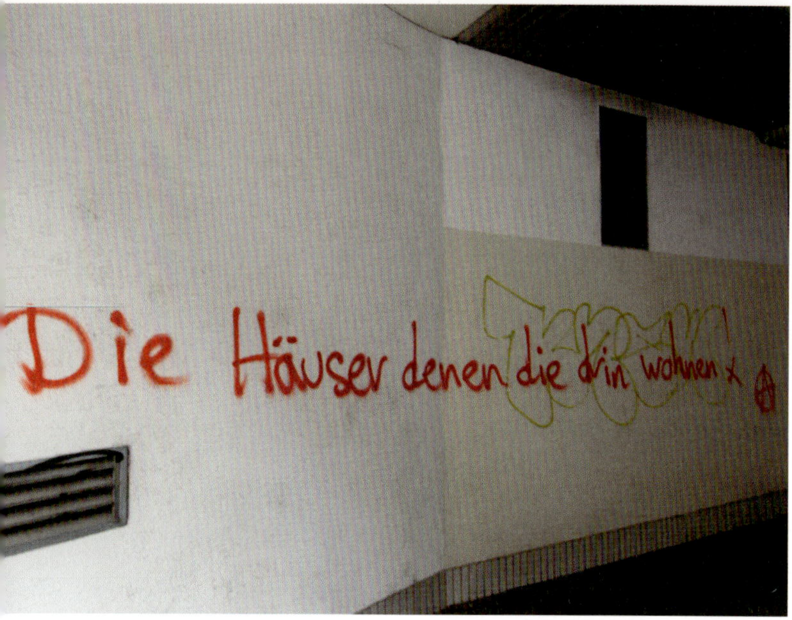

039 // Wiener Trank war im 19. Jahrhundert ein ***brauner Aufguss aus Drogenblättern***, der als Abführmittel diente.

040 // Die ***Blutgasse*** im 1. Bezirk hieß einmal ***Kothgässel***.

041 // DIE VIER HAUPTWEGE AM NASCHMARKT HEISSEN MINERL, SOPHERL, MARIEDERL UND RESERL.

042 // Im Jahr 2015 gab es in Wien zum ersten Mal in einer österreichischen Stadt mehr Öffi-Jahreskarten als Autos. Noch im Jahr 2006 gab es ***doppelt so viele Autos wie Jahreskarten***.

MISTTELEFON
546 48

043 // ***Im Garten vor dem Hotel Daniel*** im 3. Bezirk kann man in einem 16 m^2 großen Trailer Baujahr 1952 übernachten, in dem sich sogar eine ***Badewanne*** befindet.

044 // Die Stadt Vienna in West Virginia wurde 1794 von Dr. Joseph Spencer ***nach der Stadt Vienna in New Jersey*** benannt, wo er am Amerikanischen Bürgerkrieg teilnahm. Diese Stadt wurde wiederum von ihren österreichischen ersten Siedlern nach der österreichischen Bundeshauptstadt benannt.

045 // DIE SILBERNEN LÄNGLICHEN STAND-MISTKÜBEL MIT ASCHER, Z. B. AUF DER KÄRNTNERSTRASSE UND DER FAVORITENSTRASSE, HEISSEN »ABFALLHAI«.

---

046 // In Ottakring stehen ***1.104 Rosskastanien***. In Neubau stehen ***4***.

047 // Im 3. Bezirk gibt es eine Böschung, die ***»Donauprallhang«*** heißt.

048 // Im Mittelalter fand 150 Jahre lang von St. Marx bis zum Wienfluss ein ***Rennen von Pferden, Burschen und Prostituierten*** statt. Von diesen Rennen hat der Rennweg seinen Namen.

049 // ***Die teuerste Wohnung Wiens*** ist eine 330-m^2-Dachgeschoßwohnung in der Museumsstraße im 7. Bezirk um 8,125 Mio. Euro.

050 // 2011 beantragte der Rapid-Fanclub Grün-Weiße Akademiker bei der UNESCO, die ***Rapidviertelstunde als immaterielles Kulturerbe*** Österreichs aufzunehmen.

051 // Die Internetseite list25.com reihte in ihrer Liste ***»25 cities for young people to live in«*** Wien an die erste Stelle vor New York.

052 // 0,6 % der Exporte von Wiener Waren gehen ***nach Australien***.

053 // Die einzelnen Abschnitte des Rings sind wie bei Wiens Straßen üblich im Uhrzeigersinn durchnummeriert, die geraden Zahlen sind rechts. ***Nur beim Kärntnerring*** sind rechts die ungeraden Zahlen, und er ist gegen den Uhrzeigersinn nummeriert. (So stößt hier z. B. der Schubertring 14 auf den Kärntnerring 17.)

054 // Im Jahr 2014 waren in Wien noch ***12.176 Autos*** mit einem alten schwarzen (seit 1990 nicht mehr vergebenen) Nummerntaferl unterwegs.

055 // Am Mariahilfer Gürtel 11 stand früher ein Stundenhotel, seit Ende der 1980er-Jahre befindet sich hier das Nonnenkloster der ***»Missionarinnen der Nächstenliebe«***.

056 // DER ERSTE ÖSTERREICHER AUF PLATZ 1 DER US-CHARTS WAR 27 WOCHEN LANG ANTON KARAS MIT DEM »HARRY-LIME-THEME« AUS DEM FILM »DER DRITTE MANN« VON 1950.

---

057 // 59 % der Wiener kaufen ***per Online-Shopping*** ein. In Kopenhagen sind es 83 %.

058 // Der deutsche Computerspezialist Bernd Fix schrieb 1988 ein Computerprogramm, um den damals in Umlauf gekommenen »Vienna Virus« unschädlich zu machen. Das war ***die erste dokumentierte Antiviren-Software*** der Welt.

059 // Ein Stück ***Sachertorte*** hat ***420 Kilokalorien***.

060 // Würde man von Wien aus ein ***Loch durch den Mittelpunkt der Erde*** bohren, käme man auf der anderen Seite mitten im südwestlichen Pazifik heraus. Der nächste bewohnte Ort ist die neuseeländische Insel Pitt Island mit 50 Einwohnern.

061 // DIE ÖFFENTLICHE TOILETTENANLAGE MARIAHILFER STRASSE/AMERLINGSTRASSE IST DENKMALGESCHÜTZT.

---

062 // In den Toilettenanlagen Mariahilfer Straße/Amerlingstraße muss die Klofrau die Kabinentür ***von außen mit einem Schlüssel zusperren***.

063 // 260.000 Personen haben gleichzeitig ***in allen Fahrzeugen der Wiener Linien Platz***. Das sind mehr Menschen, als Graz Einwohner hat.

064 // Wiener geben durchschnittlich pro Monat und Haushalt für ***Obst und Gemüse*** zusammen (50,5 Euro) weniger als für ***Fleisch*** aus (57,4 Euro).

065 // ***Der Name Wien*** entstand nicht aus dem römischen Lager Vindobona, sondern ***aus dem keltisch-romanischen Namen »Wenia«***, das so viel wie Waldbach bedeutet, womit der Wienfluss gemeint war.

066 // Die Müllabfuhr wurde in Wien ***Colonia*** genannt, weil die Stadt Köln die erste war, die ein Sammelsystem von geschlossenen Müllgefäßen im deutschsprachigen Raum einführte.

067 // ***Auf Polnisch und Tschechisch*** heißt die Donau Dunja. Bei den Slowenen heißt die Donau Donava, während sie zu Wien Dunjaj sagen.

068 // Die amerikanische Popsängerin Cynthia Yih Shih wählte ihren ***Künstlernamen Vienna Teng***, um der Musik-Stadt Wien ihren Respekt zu zollen.

069 // Auf dem Wappen des Margaretener Bezirksteils Hundsturm ist ein Turm mit einem weißen Hund abgebildet. Auf dem Bezirkswappen von Margareten wird daraus ***ein Turm mit einem weißen Einhorn***.

070 // 12 % DER WIENER RADFAHRER MISSACHTEN EINE ROTE AMPEL.

---

071 // Leitende Angestellte der Wiener Versicherung »Anker« (heute »Helvetia«) hatten bis in die 1990er-Jahre das Wunschkennzeichen »W-ANKER«, was ***regelmäßig zu Lachstürmen*** bei englischsprachigen Touristen führte.

072 // Ein Wiener, der bei seinem Wunschkennzeichen »W-MOSE 1« die Ö-Striche selbst dazu malte, wurde ***wegen Urkundenfälschung angezeigt***.

073 // Laut dem ***»Merriam Webster Dictionary«*** kann man im Englischen das Wort »Wiener« auch so schreiben: »Weiner«.

074 // Das Restaurant des Steigenberger Hotels ***Herrenhof*** heißt ***»Herrlich«***.

075 // Der Balkon an der Fassade des Hotel Steigenberger ***Herrenhof*** wird von vier ***Frauen*** getragen.

076 // Obwohl der Wiener Flughafen sich im niederösterreichischen Schwechat befindet, hat er seit 1966 ***eine eigene Postleitzahl*** (1300 Wien Flughafen) und die Wiener Vorwahl 01.

077 // DAS VON GRÜNSPAN ÜBERZOGENE GOETHE-DENKMAL AM OPERNRING GLÄNZT NUR AN GOETHES STIEFELSPITZE IN BLANKEM GOLD, DA SICH TOURISTEN FÜR FOTOAUFNAHMEN DARAN FESTHALTEN.

---

078 // Goethe war ***nie in Wien***.

079 // 1896 wurde im sogenannten Wiener Tiergarten beim Prater ein ***»Aschanti Dorf« mit 70 afrikanischen Eingeborenen*** gezeigt, das von 6.000 Wienern pro Tag besucht wurde.

080 // 1941 war Rapid Wien ***deutscher Fußball-Meister***.

081 // ***Die Irisgasse im 1. Bezirk*** ist mit 17 Metern die kürzeste Straße Wiens.

082 // Die Irisgasse hieß im 18. Jahrhundert ***Hundsfottgässel*** und mündete direkt in die ***Naglergasse***.

083 // Die Stalin-Gedenktafel am Haus Schönbrunner Schlossstraße 30 ist die ***einzige Stalin-Gedenkstätte in Westeuropa***.

084 // Die Wiener Feuerwehr hat ungefähr ***alle 16 Minuten*** einen Einsatz.

085 // ZU BEGINN DES 20. JAHRHUNDERTS KONNTE MAN IM CAFÉ CENTRAL IM PALAIS FERSTEL IN 250 VERSCHIEDENEN TAGESZEITUNGEN IN 22 SPRACHEN BLÄTTERN.

086 // ***Otto Wagner plante*** in seiner Studie »Die Großstadt« ein Wien mit 39 Bezirken.

087 // ***Die Geländer der Balkone des Jugendstilhauses*** Linke Wienzeile 40 von Otto Wagner haben dieselbe apfelgrüne Farbe wie die Hauptfarbe seiner Stadtbahn.

088 // Im Rahmen der ***Vienna Biennale 2015*** wurden im 2. Stock des Einkaufs-Centers »The Mall« in Wien Mitte 15 Ferngläser installiert, mit denen man die Kunden bei ihren Einkäufen beobachten konnte.

089 // DIE ERSTE ÖFFENTLICHE WIENER WÜRFELUHR WURDE 1907 AN DER KREUZUNG OPERNRING/KÄRNTNERSTRASSE AUFGESTELLT.

090 // Exemplare der kultigen Wiener Würfeluhr finden sich ***auch in Villach auf der Moritschstraße*** und in Klagenfurt am Benediktinermarkt.

091 // In Wien gab es von 1927 bis 1957 auf Münzfernsprechern die sogenannte ***»Wiener Wählscheibe«***, die statt wie international üblich mit 1 mit 0 begann.

092 // Das ***Bundesreal- und Bundesgymnasium*** Wien 3 Boerhaavegasse wurde bis in die 1980er-Jahre ***Bundeserziehungsanstalt*** genannt.

093 // Die ***App AccuWeather.com*** bezeichnet den 7. Wiener Gemeindebezirk hartnäckig als »Neubäu«.

094 // Der Schweizer Uhrmacher Jakob Degen erfand in Wien das Guillochiergerät, mit dem man ***fälschungssichere Wellen auf Banknoten*** drucken kann und das bis heute eingesetzt wird.

095 // ***Jakob Degen konstruierte*** mithilfe einer Luftschraube mit ***Uhrwerkantrieb*** auch das weltweit erste Hubschraubermodell, das 1816 bei einer Vorführung im Prater 160 m hoch flog.

096 // Im Wiener Lokal »Stamperl« in der Sterngasse sind seit den 1980ern ***Frauenschenkel an den Herren-Pissoirs*** angebracht.

097 // ***Der 2008 benannte Ida-Pfeiffer-Weg***, eine versteckte Verbindung zwischen dem Sünnhof-Durchgang und der Baumannstraße im 3. Bezirk, ist so klein, dass er bis 2016 nicht in Google Maps verzeichnet war.

098 // DAS KAUFHAUS STEFFL AUF DER KÄRNTNERSTRASSE WIRD TÄGLICH VON BIS ZU 30.000 MENSCHEN BESUCHT.

---

099 // ***Die Textzeile »In Wien sitzen wir im Nachtcafé«*** des Kult-Songs »Trans-Europa Express« von »Kraftwerk« bezieht sich auf das Wiener Café Hawelka.

100 // Der kleine Hansel, der im »Dritten Mann« »Mörder, Mörder« ruft, ist ***der 1945 geborene Herbert Halbik***, der lange Jahre in Wien Meidling eine Tabak Trafik betrieben hat.

101 // Die Wiener Georg Schicht AG, eine der Gründerinnen von Unilever Österreich, brachte im 19. Jahrhundert die Seife ***»Frauenlob«*** auf den Markt.

102 // Der Klima-Windkanal der Firma »Rail Tec Arsenal« in Floridsdorf ist ***der größte Windkanal der Welt***.

103 // ***90 % der Wiener Zebrastreifen*** können mit einer Gehgeschwindigkeit von einem Meter pro Sekunde bei grünem Licht überquert werden.

104 // IN WIEN GIBT ES 3.164 HUNDEKOTSACKERLSPENDER.

---

105 // ***Das erste Wiener Hochhaus***, das 1932 in der Herrengasse eingeweiht wurde, ist von der Straße aus kaum zu sehen. Den besten Blick darauf hat man, wenn man vom Ring in den Volksgarten einbiegt.

106 // ***In dem ersten Hochhaus Wiens wohnten*** unter anderen ***Christoph Waltz***, Paula Wessely, ***Oskar Werner***, Curd Jürgens, ***Susi Nicoletti***, ***Gusti Wolf*** und Daniel Kehlmann.

SIND DIR
WURST?
36,–

107 // ***Das Ölbild*** »Blick auf den Stephansdom vom ersten Wiener Hochhaus« um 1955 von Otto Rudolf Schatz ***steht unter Denkmalschutz***.

108 // Die Apotheke ***»Zum weißen Storch«*** am Tuchlauben ging eigentlich aus der Apotheke ***»Zum schwarzen Elefanten«*** hervor.

109 // Am ***in jeder U-Bahn-Station*** aushängenden VOR-Gesamtnetzplan war von 2013 bis 2015 der Name der Station »Praterstern« nicht eingezeichnet.

110 // Sowohl die Redensart »Des is a Hetz!« als ***auch die Hetzgasse gehen auf das Hetztheater zurück***, das sich im 18. Jahrhundert dort befunden hat. In einer Art Amphitheater wurden Hunde auf Bären, Hirsche, Wildschweine und Stiere gehetzt.

111 // DIE PLASTIKFLASCHEN-TONNE MIT DEM GELBEN DECKEL WIRD AUCH INTERN LIEBEVOLL KERMIT GENANNT.

---

112 // ***Im 14. Bezirk gibt es eine Anschlussgasse.*** Sie hat nichts mit dem Anschluss Österreichs an Deutschland zu tun, sondern bezeichnet einen Verkehrsanschluss.

113 // In Wien gibt es prinzipiell ***keine doppelten Straßennamen***.

114 // Einige Straßen wurden bei der Beseitigung von Doppelungen übersehen. So gibt es z. B. ***je zwei Sterngassen, Kirchengassen, Feldgassen, Brunnenwege und Friedhofstraßen*** in Wien.

115 // Ab 1522 wurden in Wien vier Knechte angestellt, die ***bei Feuer durch die Straßen*** liefen und die Bevölkerung schreiend davon informierten.

116 // ***Tom-Turbo-Autor Thomas Brezina*** spielte als Jugendlicher im Puppentheater von Clown Habakuk den bösen Zauberer Tintifax.

117 // 1.400 Meter nordwestlich des Wirtshauses »Rendezvous« in Stammersdorf befindet sich ***der nördlichste Punkt Wiens***.

118 // Der Verein ***»ORIGAMI – Papierfalten für alle«*** wurde von der Stadt Wien 2014 mit 1.000 Euro gefördert.

119 // DIE VERKÖRPERUNG DER STADT WIEN IN FORM DER FRAUENFIGUR VINDOBONA HAT SICH NIE WIRKLICH DURCHGESETZT. IN WIEN GIBT ES NOCH 11 VINDOBONA-DARSTELLUNGEN, Z. B. AM RATHAUS ODER AM BRUNNEN VOR DER ALBERTINA.

---

120 // ***Unter 1 % der ausländischen Touristen*** kommt mit dem Fahrrad nach Wien.

121 // ***Die Bewohner der Josefstadt*** sind diejenigen in Wien, die sich am sichersten fühlen, am unsichersten fühlen sich die Favoritner.

122 // Pro 100 Einwohner kommt es in der Josefstadt im Schnitt auf 10,3 Strafanzeigen pro Jahr, in Favoriten auf 9,8. ***Der 1. Bezirk kommt auf 84,3 Anzeigen.***

123 // Im Google Play Store kann man ***die App »Sound of Vienna«*** downloaden, mit der man Wiener Sprüche wie »D'ere!« oder »Aufg'warmt is nua Gulasch guat« verschicken oder als Benachrichtigungston verwenden kann.

124 // ***Die »Bröselei« an der Strudelhofstiege*** verkauft nur gluten- und laktosefreie Backwaren ohne Farbstoffe, Aroma- und Konservierungsstoffe.

125 // IN WIEN BESITZEN 10.935 MENSCHEN EINEN WAFFENPASS.

---

126 // Die Wiener legen ***39 % ihrer Wege*** mit dem öffentlichen Verkehr zurück. 27 % Fahren mit dem Auto, 26 % gehen zu Fuß und ***7 % fahren mit dem Rad***.

127 // Das »Medl-Bräu« im 14. Bezirk wurde vom ehemaligen Müllabfuhr-Fahrer Johann Medl von einem Teil seines ***Lottogewinns 1987 von 24 Millionen Euro*** gekauft.

128 // Im Liniennetz der Wiener Linien sind ***täglich 100 Kontrollore*** unterwegs.

129 // ***Die höchste Single-Rate Österreichs*** gibt es mit 36 % in Wien.

130 // Die Melodie zur ***Europahymne*** »Ode an die Freude« schrieb Ludwig van Beethoven ***in der Ungargasse 9*** in Wien Landstraße.

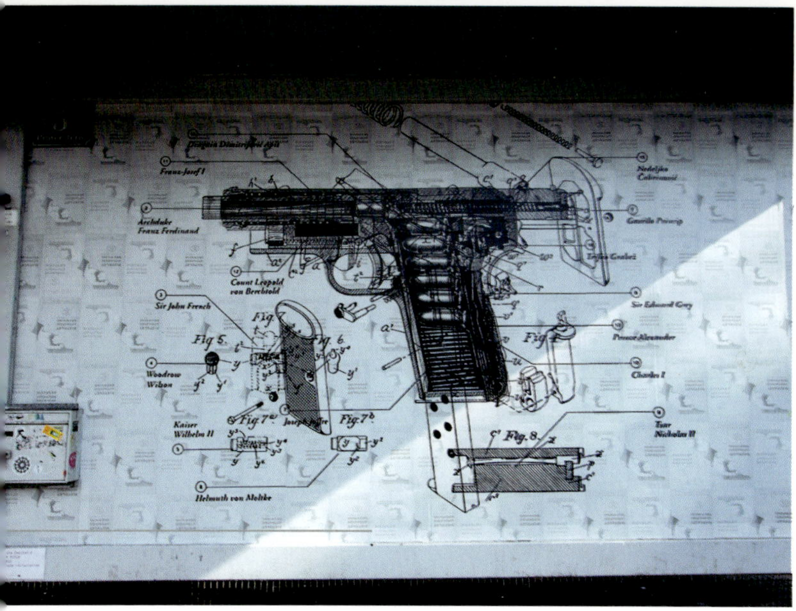

131 // ***In der Ungargasse 39*** wohnte mit Petar Preradović der Großvater von Paula Preradović, die den Text zur ***österreichischen Bundeshymne*** geschrieben hat.

132 // Die ***beiden-Atlanten-Figuren*** rechts und links des Eingangs Burggassse 76 ***haben Männerbrüste***.

133 // ***Die erste eingetragene*** gleichgeschlechtliche Partnerschaft Österreichs wurde am 4. Januar 2010 im Amtshaus in Margareten geschlossen.

134 // ***Die meisten gleichgeschlechtlichen Partnerschaften*** werden in Wien geschlossen. (Im Jahr 2014 waren das mit 185 Verpartnerungen 46 %.)

135 // DIE 1994 IN DER U3-STATION SCHWEGLERSTRASSE ERRICHTETE INSTALLATION »TELE-ARCHÄOLOGIE« VON NAM JUNE PAIK SOLL AUF DIE VERGÄNGLICHKEIT ELEKTRONISCHER GERÄTE HINWEISEN. DIE 39 MONITORE DER SKULPTUR SIND INZWISCHEN SCHWARZ, DIE VON PAIK GEDREHTEN VIDEOSEQUENZEN KÖNNEN AUS MANGEL AN ERSATZTEILEN NICHT MEHR ABGESPIELT WERDEN.

136 // ***Zwischen 300 und 800 Scherzanrufe*** bekommt der Tiergarten Schönbrunn jedes Jahr am 1. April (»Ist Herr Leo Pard zu sprechen?«).

137 // IN ALLEN U-BAHNSTATIONEN WIENS HÄNGEN INSGESAMT 1.900 VIDEO-ÜBERWACHUNGSKAMERAS.

138 // Der ***Ausländeranteil*** in Wien liegt bei 25,6 %. Der Anteil an Personen mit ***Migrationshintergrund*** beträgt etwa 36,7 %.

139 // In der Inneren Stadt sind ***mehr Autos als Einwohner*** gemeldet.

140 // In den 1980er-Jahren konnte man bei etwa ***1.600 Greißlern in Wien*** einkaufen, heute sind es rund 70.

141 // ***Bis 1848 gab es in Wien 80 Sesselträger.*** Sie wurden von der Pferdetramway abgelöst.

142 // Vor der Eingemeindung Simmerings wurde dort versucht, die Straßen wie in Amerika zu nummerieren. ***Von den elf Haidequerstraßen gibt es nur mehr*** die 1., 7. und 11. Haidequerstraße.

143 // RUND DIE HÄLFTE ALLER AUTODIEBSTÄHLE IN ÖSTERREICH FINDEN IN WIEN STATT.

---

144 // Die meisten Autos werden in Wien ***im 22. und 23. Bezirk*** gestohlen.

145 // Die Post testete als Erstes in einer Filiale in Wien Simmering das Konzept, ihre Stores mit einem von einem italienischen Parfümeur kreierten ***Zitronenduft*** zu besprühen.

146 // Am 3. Januar 2014 wurde Wien mit ».wien« ***die erste Stadt der Welt mit eigener Domain***.

147 // IM WIENER SOMMER GIBT ES RUND 500 VERSCHIEDENE EISSORTEN IN ETWA 700 EISGESCHÄFTEN ZUM SCHLECKEN.

Ei
Tüten : 2 K

148 // DAS WIENER RIESENRAD

WURDE 1896 VON DEM ENGLISCHEN LEUTNANT WALTER BASSETT BASSETT ERBAUT.

Herzlich Willkommen!

149 // ***Der Einsatztrainer der österreichischen Polizei*** in der Bundespolizeidirektion Wien heißt Martin Hollunder-Hollunder.

150 // ***Chefinspektor Martin Hollunder-Hollunder*** nahm bei der Hochzeit den Namen seiner Frau, Hollunder, an. Nach einer Scheidung heirateten sie ein zweites Mal. Martin Hollunder nahm als Zeichen seiner Liebe den Namen seiner Frau ein zweites Mal an, und heißt seitdem Hollunder-Hollunder.

151 // Der erste Bauherr des Stephansdoms war die Diözese Passau. Der heilige Stephanus ist ***der Schutzpatron der Stadt Passau***.

152 // ***Der Markuslöwe*** in der Eingangshalle des Wiener Hauptbahnhofes, der früher im Südbahnhof stand, ***wiegt samt Sockel eine Tonne***.

153 // Die am Markuslöwen am Hauptbahnhof im Oktober 2014 ***neu angebrachte Info-Tafel*** wurde nach nur einer Woche wegen eines Rechtschreibfehlers wieder abgehängt und über ein Jahr lang nicht mehr durch eine neue ersetzt.

154 // Zu den Stoßzeiten sind in Wien ***etwa 400 Straßenbahnen gleichzeitig*** in Betrieb.

155 // In Wiener Gemeindebauten sind für präventive Maßnahmen ***insgesamt 2.981 Kameras angebracht***.

156 // Im Trailer zum teilweise in Wien gedrehten ***Film »Mission Impossible 5«*** sieht man in einer Szene eine alte U-Bahn-Garnitur. Im Gegenschnitt ist ein moderner Silberpfeil mit rotem Seitenstreifen zu sehen.

157 // ***In Wien gibt es 144 Durchhäuser***, bei denen man auf einen Weg durch ein Privathaus hindurch zur Parallelstraße gelangt.

158 // Die Frauenorganisation »Wiener Frauen-Erwerb-Verein« wurde 1866 ***in der Straße »Stoß im Himmel«*** im 1. Bezirk gegründet.

159 // Die ***zehn meist entlehnten Bücher*** der Wiener Büchereien 2015 sind Kinderbücher.

160 // Auf dem Kopf der Pallas-Athene-Statue vor dem Parlament ist ***eine nackte Sphinx*** abgebildet.

161 // Während in ganz Österreich 2014 die Babyvornamen Anna und Lukas an der Spitze standen, waren es in Wien ***Kopf an Kopf Sarah und Sophie und Maximilian***.

162 // Pro Tag gibt es ***durchschnittlich 15 Polizeieinsätze*** rund um die U6-Station Josefstädter Straße.

163 // ***Der Schlesingerplatz wurde 2006 umbenannt*** und heißt nicht mehr nach dem antisemitischen Reichstagsabgeordneten Josef Schlesinger, sondern nach der Sozialdemokratin Therese Schlesinger.

164 // Im 14. Bezirk ***gibt es weiterhin*** eine Josef-Schlesinger-Straße.

165 // MIT INSGESAMT 189.877 STUDIERENDEN IST WIEN DIE GRÖSSTE UNIVERSITÄTSSTADT IM DEUTSCHSPRACHIGEN RAUM.

---

166 // 2015 wurde Wien in der sogenannten »Mercer«-Lebensqualitätstudie zum 6. Mal in Folge ***zur lebenswertesten Stadt der Welt gekürt***.

167 // Die Aufzüge des Donauturms haben seit ihrer Inbetriebnahme 1964 ***etwas mehr als die doppelte Strecke vom Mond zur Erde*** zurückgelegt.

168 // In Wien sind ***102 Bartagamen, 100 Geckos, 66 Chamäleons, 54 Königspythons und sechs Strumpfbandnattern*** als exotische Tiere zur Haltung angemeldet.

169 // In Salzburg und Innsbruck ist Eigentumswohnraum ***teurer als in Wien***.

170 // Die höchste Hausnummer in Wien gibt es auf der Simmeringer Hauptstraße: ***992 ist ein Wald abseits der Straße.*** Das Wohnhaus mit der höchsten Nummer steht in der Breitenfurter Straße 603 im 23. Bezirk.

171 // An der Opernkreuzung wurden 1926 zum ersten Mal als Vorläufer des Zebrastreifens ***Linien zum Überqueren der Straße*** aufgemalt.

172 // In Wien gibt es ein Zahnmuseum und ***ein Museum für Verhütung und Schwangerschaftsabbruch***.

173 // ***Die Dampflokomotiven der Liliputbahn haben die Mädchennamen*** Brigitte und Grete und die Dieselloks die Bubennamen Bernhard, Harry, Michael und Jakob.

174 // In der Anfangszeit durfte ***ein Fahrschein der Liliputbahn*** nicht billiger sein als einer der Wiener Straßenbahn.

175 // Mit der Liliputbahn fahren ***35 % Kinder und 65 % junggebliebene Erwachsene*** durch den Prater.

176 // IN DER PRATERSTRASSE 54, IN DER JOHANN STRAUSS SOHN DEN DONAUWALZER KOMPONIERTE, FINDET MAN HEUTE DAS »CAFÉ 3/4 TAKT«. DIE DREI ABGEBILDETEN NOTEN AUF DEM NAMENSSCHILD STELLEN ABER EINEN 9/8-TAKT DAR.

---

177 // Pro Jahr gibt es ***530 Start-Ups in Wien***.

CAFE
3/4 TAKT
RESTAURANT

Mozart
CAFÉ

Bei Glatteis und
Schneelage dürfen
in Parkanlagen nur
gestreute, bzw. ge-
säuberte Parkwege
begangen werden!
StaDt Wien
Wien ist anders.
120m
McCafé
HUNDEVERBOT

178 // Von 1911 bis 1928 wurde jeden Tag ***um Punkt 12 Uhr*** ein Kanonenschuss vom Dach der Urania Sternwarte abgegeben.

179 // WOLFGANG AMADEUS MOZART STARB 1791 IN WIEN. BEGRABEN WURDE ER IM ST. MARXER FRIEDHOF IN EINEM MASSENGRAB MIT DER GRABNUMMER 179. DIE FOLGE 179 DER KRIMISERIE »DERRICK« HIESS »MOZART UND DER TOD«.

---

180 // Die Stadt Wien hat ***Schulden in Höhe von 4,893 Milliarden Euro***. Für dieses Geld könnte jeder Wiener täglich einen Millirahmstrudel mit Vanillesauce im Café Central essen.

171 // ES GIBT 62.000 GEMELDETE HUNDE IN WIEN.

---

182 // In Wien mussten 6.250 Hundehalter einen verpflichtenden Hundeführerschein für spezielle Hunde wie ***Bullterrier, Pitbull oder Mastiff*** machen.

183 // ***Die Sverigestraße im 22. Bezirk*** ist nach dem schwedischen Wort für »Schweden« benannt, weil an der Straße das Möbelhaus IKEA steht.

184 // Im Wurstelprater gab es eine Zeitlang neben dem legendären ***Watschenmann*** auch eine ***Watschenfrau*** und einen ***Watschenaff***.

185 // Pro Jahr benutzen fünf Millionen Fahrgäste die Wiener Nacht-U-Bahnen, das sind ***etwa 90.000 pro Wochenende***.

186 // Für die Wiener Nacht-U-Bahnen am Freitag und Samstag sind ***pro Nacht 22 Garnituren unterwegs***.

187 // Der Begründer der Wiener Medizinischen Schule, Maria Theresias Leibarzt Gerhard van Swieten, war das ***Vorbild für Van Helsing in Bram Stokers Roman »Dracula«***.

188 // ***Fast die Hälfte aller Unternehmensneugründungen*** in Wien werden ***von Frauen*** gegründet.

189 // DER WIENER AUTOMATENKÖNIG FERRY EBERT, DER NEBEN KAUGUMMI- UND PEZ-AUTOMATEN AUCH DURCH DAS AUFSTELLEN VON KONDOM-AUTOMATEN BEKANNT WURDE, WAR VON BERUF GLASBLÄSER.

---

190 // Wien ist laut der UN-Organisation »UN-Habitat« ***die erfolgreichste, florierendste Stadt der Welt*** vor Metropolen wie Tokio, London, Paris und New York.

191 // ***20,7 % der Österreicher*** leben in Wien.

192 // In Wien stehen ***rund 1 Million Fahrräder***.

193 // Die Wiener geben im Jahr ***50 Millionen Euro*** für Fahrräder und Zubehör aus.

194 // Auf ***99 Wiener*** kommt ***ein Papierkorb***.

195 // IIn der ***Volksbankfiliale*** in der Operngasse ist der Helpdesk eine etwa 1x1 m große Wiener Würfeluhr von ***»Schauer«***. Der Vorstandsdirektor der ***Volksbank*** Wien-Baden AG heißt Wolfgang ***Schauer***.

196 // Die Kronen-Zeitung stand 2005 auf ***Platz 45 der 100 größten Tageszeitungen*** der Welt.

197 // In Wien sind etwa ***40.000 Menschen an Alzheimer*** erkrankt.

198 // Im Netz der Wiener Linien gibt es ***insgesamt 4.780 Durchsagen*** zu hören. Auf Englisch erklingen ***80*** Durchsagen.

199 // EIN CANDLE-LIGHT-DINNER ZU ZWEIT IM WIENER RIESENRAD KOSTET AUF DEM PORTAL VON JOCHEN SCHWEIZER 399 EURO.

Romantisches
Candlelight Dinner
im Wiener Riesenrad.
ienerriesenrad.com

200 // Das Hotel Magdas im 2. Bezirk ***wird von Flüchtlingen betrieben***.

201 // ***In den Zimmern des Hotel Magdas*** gibt es keine Fernseher.

202 // Das lautmalerische Wiener Dialektwort ***»Ihaha«*** bedeutet ***Pferd***.

203 // Die Venus vom Galgenberg im Naturhistorischen Museum Wien ist mit ca. ***38.000 Jahren die älteste gefundene Frauenstatuette der Welt***.

204 // Wenn im Gasthaus Stern in Simmering ***»weiße Nierndln«*** auf der Karte stehen, ist das die ***Umschreibung für Stierhoden***.

205 // Wiener besuchen durchschnittlich ***fünf Mal pro Jahr einen Weihnachtsmarkt*** und geben rund 21 Euro dafür aus.

206 // IN WIEN GIBT ES ETWA 1.900 BRÜCKEN, VIER MAL SO VIEL WIE IN VENEDIG.

---

207 // ***Vienna heißt eine Figur in den Marvel Comics.*** Sie tauchte erst als Stewardess auf, war dann Nonne und zuletzt die Frau des Gangster Joey Tortelli.

208 // In der österreichischen Gebärdensprache stehen der ausgestreckte Zeige- und Mittelfinger (wie das ***»Victoryzeichen«***) ***für Wien bzw. Vindobona***.

209 // Einige ***amerikanische Taubstumme*** zeigen in der Gebärdensprache für die Stadt Wien ein ***Riesenrad***.

210 // ***Etwa ein Drittel der in Wien verbrauchten Gemüsemenge*** wird innerhalb der Stadt erzeugt.

211 // Teigwaren aus Plunderteig heißen in Schweden ***Wienerbröd***.

212 // Das Haus Siebensterngasse 12 wurde erbaut als »Stiftungshaus der Kleidermacher Wiens für deren ***Witwen*** und Waisen«. Daneben findet man heute das Restaurant »***Witwe*** Bolte«.

213 // KRONE-MITBEGRÜNDER KURT FALK ERFAND DIE SOGENANNTEN SONNTAGSSTANDLN, DIE PLASTIKTASCHEN MIT GELDBÜCHSE, IN DENEN AM WOCHENENDE DIE TAGESZEITUNGEN ENTNOMMEN WERDEN KÖNNEN.

---

214 // ***17 % der 7.600 Wiener Exekutivbeamten*** und 24 % der Wiener Polizeischüler sind weiblich.

215 // Weibliche Kriminalbeamtinnen gab es in Wien bereits 1950, ***weibliche Streifenpolizistinnen 1965***. Sie hießen offiziell »Polizeiwachmann« und hatten statt einer Waffe eine Trillerpfeife.

216 // Niki Lauda hat laut eigenen Angaben in seiner aktiven Zeit in der Formel 1 (1971–1985) ***insgesamt 12 Millionen Euro*** verdient.

217 // Bis zur Einführung einer Überwachungsanlage 2015 fuhren am Wochenende pro Stunde ***durchschnittlich 50 Autos verbotenerweise über die Praterhauptallee***.

WIENER ZEITUNG
Gut zu wissen.
EUR 1,00
Aktualisieren Sie täglich Ihre Meinung.
Das Abo zu den Wahlen. Jetzt bestellen! wienerzeitung.at/abo oder 0810 0810 99
ZEITUNG
Wien-Wahl ist nichts für schwache Nerven
ZEITUNG

218 // DIESELBE FIRMA, DIE DIE NEUGESTALTUNG DER FUSSGÄNGERZONEN CITY UND MARIAHILF KONZEPTIONIERT HAT, HAT AUCH DIE AMPELPÄRCHEN KREIERT.

219 // Etwa ***11 % der Wiener leben vegetarisch***, etwa 1 % vegan.

220 // Nach dem Zweiten Weltkrieg wurde, um die Hungersnot der Wiener zu lindern, ***der Heldenplatz mit Gemüse bepflanzt***.

221 // Wiens einziger Zuhälterin Wanda Kuchwalek (1947–2004), nach der die Band Wanda benannt ist, wurde ***als Tochter einer Schlangenfrau im Zirkus geboren***.

222 // ***Wanda Kuchwalek sorgte 1991 für einen Justizskandal***, als sie zwei Vollzugsbeamtinnen im Gefängnis zu sexuellen Handlungen überredete. Die Beamtinnen bekamen dafür je fünf Jahre, Kuchwalek zehn Jahre Haft.

223 // Direkt ***in der Passage des erzbischöflichen Palais*** Stephansplatz 6 befindet sich ein Dessous-Geschäft.

224 // Der Eishockeyclub »Vienna Capitals« versuchte im Jahr 2011 ohne Erfolg die Figur ***»Pucky, der Clown«*** als Maskottchen einzuführen.

225 // Bis 1939 gab es in Wien die ***»Länderbank Koks-Kohlen-Abteilung«***.

226 // Das erste Geschäft des Manner-Gründers Josef Manner befand sich 1890 am ***Stephansplatz 6***. Im Jahr 2004, 114 Jahre danach, eröffnete »Manner« am ***Stephansplatz 7*** einen Flagship-Store.

227 // ***Die Firma »Manner« bezahlt seit 1976 einen Domsteinmetz*** des Wiener Stephansdoms, der zu Werbezwecken einen rosa Blaumann mit dem Auftrug »Manner« trägt.

228 // In der sechsten Staffel der Sitcom »Friends« sieht man ***in der Glasvitrine im Central Park Café*** Manner-Schnitten liegen.

229 // In den ***Fahrzeugen der Wiener Linien*** werden alle Flächen, mit denen die Fahrgäste in Berührung kommen, ***täglich gereinigt***. Die Böden einmal pro Woche.

230 // Laut der Internationalen Arbeitsorganisation ILO schuften ***an der Elfenbeinküste 800.000 Kinder in Kinderarbeit***. Die Botschaft der Elfenbeinküste befindet sich in Wien im selben Gebäude wie »FAIRTRADE Österreich - Das unabhängige Siegel für fairen Handel«.

231 // Der Cheftechniker der ***Brüder Lumière*** drehte im April 1896 im Prater ***die ersten Filmszenen auf österreichischem Boden***.

232 // ***Die ersten Internetadressen mit der Endung ».at«*** wurden 1988 von der Universität Wien vergeben.

233 // Ein im mobilen Stadtplan der Stadt Wien verzeichneter ***Rundwanderweg um Wien heißt »Rundumadum«***.

234 // 59.700 GEFÜLLTE HUNDEKOTSACKERL FINDEN SICH TÄGLICH IN WIENS MISTKÜBELN.

235 // ***Ein vielbenützter Sitzpolster***, der in Gasthäusern auf einen Sessel gebunden ist, heißt im Wienerischen »Schasdacken«.

236 // Die Klosterbrüder der Dominikanerbastei hatten eine Schweinezucht und einen Schlachthof, deshalb hieß ***die Straße »Im Auwinkel«*** ursprünglich ***eigentlich »Im Sauwinkel«***.

237 // AM WURSTELPRATERAUSGANG KRATKY-BASCHIK-WEG/ZUFAHRTS-STRASSE STEHT EIN BANKOMAT IN FORM EINES ÜBERDIMENSIONALEN SCHWEINS, DAS FRÜHER DAMPF AUS SEINEN NÜSTERN ABGELASSEN HAT, WENN MAN GELD ABHOB.

---

238 // ***Die ursprünglichen Vereinsfarben von Rapid Wien waren rot und blau.*** Diese beiden Farben vermischten sich beim Waschen der Trikots in ein Violett, weshalb auf grün-weiß umgestiegen wurde.

239 // Die ursprünglichen Vereinsfarben von Rapid blau-rot spiegeln sich ***noch im Schriftzug des Vereinswappens*** wider.

240 // ***87 % der Wiener*** sind mit dem Öffentlichen Verkehr in Wien zufrieden.

RUN VEGAN!!

SCHLAGT
AUSTRIA

241 // Der erste U-Bahn-Zug der U4 für Fahrgäste wurde testweise am 8. ***Mai*** 1976 eingesetzt. Die genaue Farbbezeichnung der U4-Leitfarbe ist ***mai***grün.

242 // Von 1918 bis 1928 gab es in Wien einen Straßenbahnwaggon, der Leichen transportierte, die ***»Wiener Leichentramway«***.

243 // ***Johann Nepomuk Peter erfand 1828 einen Wecker für Scheintote*** für den Währinger Friedhof, der den Friedhofswärter alarmierte, falls ein versehentlich Totgeglaubter wieder zum Leben erwacht.

244 // Im Naturhistorischen Museum gab es noch ***bis 1996 einen sogenannten »Rassensaal«***, in dem Unterschiede zwischen Menschenrassen auf fragwürdige Weise dargestellt wurden.

245 // PRO JAHR LANDEN 100 MILLIONEN TSCHICKSTUMMEL IN DEN DAFÜR VORGESEHENEN ÖFFENTLICHEN ASCHENROHREN.

---

246 // 43 % der österreichweiten ***Privatkonkurse*** entstehen in Wien.

247 // Der berühmte ***»Liebe Augustin«*** hieß im Vornamen ***Markus***.

248 // Das Schweizerhaus im Wiener Prater hatte 1929 als erstes Lokal ***eine offene Schauküche***, bei der den Köchen bei ihrer Arbeit zugeschaut werden konnte.

249 // 1974 wurde im Schweizerhaus der Radimat, ***ein Gerät zum In-Spiralen-Schneiden von Rettich***, erfunden und patentiert.

250 // Der Künstler »Invader«, der die Fliesen zum Eingang von der ***Breite Gasse ins MuseumsQuartier*** mit Space Invaders gestaltete, ist der erste zu Lebzeiten ausgestellte Künstler im Louvre. Er hatte Space-Invader-Tags illegal selbst im Louvre angebracht.

251 // Pro Jahr werden ***etwa eine Million Kilogramm Maroni*** in Wien gebraten und verkauft.

252 // ***70 % der Wiener Maroni-Brater*** sind männlich.

253 // Der durchschnittliche Wortschatz eines Wieners beträgt ***800 Worte***.

254 // ***Der junge Stalin und der junge Hitler*** wohnten 1913 beide in Wien, wo sie beide unabhängig voneinander am liebsten im Schönbrunner Schlosspark spazierten.

255 // Die Wiener Journalistin Auguste »Gusti« Fickert gründete in Wien den ***»Allgemeinen österreichischen Frauenverein«***.

256 // Wien bietet 179 Auslaufplätze für Hunde, ***sogenannte »Hundezonen«***.

257 // DAS WIENER RIESENRAD HATTE URSPRÜNGLICH DIE DOPPELTE ANZAHL AN GONDELN.

---

258 // Das Modell des Wiener Riesenrads im Pratermuseum hat nur 26 Gondeln, während ***am Original bei seiner Erbauung 30 Gondeln*** hingen.

259 // DIE FILLGRADERSTIEGE IN MARIAHILF WURDE VON EINER JURY AUS 80 KUNSTPROFESSOREN ZUR VIERTSCHÖNSTEN TREPPENANLAGE EUROPAS GEWÄHLT.

RMINUS
HOTEL

260 // DER WÜRSTELSTAND IN DER SEILERGASSE HEISST IN ANSPIELUNG AN DIE WÜRSTEL, DIE IN WIEN FRANKFURTER, IN DER RESTLICHEN WELT ABER WIENER HEISSEN, »WIENER WÜRSTL«. DIE HIER VERKAUFTEN »WIENER WÜRSTEL« SIND IN WIRKLICHKEIT FRANKFURTER WÜRSTEL.

SÄFTE
eiskalte
Erfrischung
Make up
PARIS

261 // ***Die Aktion der Songcontestlieder »singenden« Kanaldeckel*** während des ESC 2015 in der Wiener Innenstadt hat insgesamt 3.600 Euro gekostet.

262 // Kanaldeckel in Wien ***mit der Aufschrift »Mannesmann«*** sind in Wirklichkeit keine Kanaldeckel, sondern Luftschutzgitter für Luftschutzbunker des Zweiten Weltkriegs.

263 // Die ***schottische Schriftstellerin Emily de Laszowska Gerard***, die in der Neulinggasse lebte und in Grinzing begraben ist, schrieb die ersten Abhandlungen über den Vampirglauben in Transsilvanien, die ihr Freund Bram Stoker in seinem Roman »Dracula« verarbeitete.

264 // In Wien gibt es derzeit ***74 Würfeluhren***.

265 // ***Der einzige Bezirk ohne Würfeluhr*** ist der 7.

266 // Im 19. Jahrhundert wurde in Wien eine ***»Pissoir-Kommission«*** gegründet. Sie sollte im Ausland die bestfunktionierenden Toilettenmodelle suchen.

267 // ***Der Deutsche Wilhelm Beetz*** wurde Ende des 19. Jahrhunderts international berühmt, als er in Wien »Urinol« erfand. Es war ein desinfizierendes Öl-Gemisch, durch das man bei Pissoirs kein Wasserspülen mehr benötigte.

268 // Die Kuh mit Brille vor einem Backgammonbrett am Haus Bäckerstraße 12 ist der ***Rest des Freskos »Wo die Kuh am Brett spielt«***, auf dem noch ein Fuchs als Spielgegner, ein Kürschner, ein Jäger mit Hund und eine summende Fliege als Spottbild gegen die Protestanten zu sehen waren.

269 // Der »Heimhof« Ecke Johnstraße/Pilgerimgasse im 15. Bezirk war 1922 ein Versuch, in Wien ein Mehrparteienhaus mit nur ***einer Gemeinschaftsküche für alle*** zu bauen, der 1934 scheiterte.

270 // Der Ambros-Hit ***»Es lebe der Zentralfriedhof«*** entstand 1975 101 Jahre nach der Eröffnung des Zentralfriedhofs 1874 inspiriert durch ein Plakat »100 Jahre Zentralfriedhof«.

271 // Das Wiener Nachtpfauenauge ist ***mit einer Flügelspannweite von 10 bis 16 cm*** der größte europäische Schmetterling.

272 // Die Planung von Otto Wagner für die ***Stadtbahn-Haltestelle Kettenbrückengasse von 1879*** ist eindeutig mit »Untergrundbahn« betitelt.

273 // Mitten im 3. Bezirk in der Juchgasse befindet sich ein ***Bordell***. Die Juchgasse hieß früher ***Haltergasse***.

274 // ***Die Sparefrohgasse im 3. Bezirk*** wurde so genannt, weil sie an das Verwaltungsgebäude der »Bank Austria« (davor »Zentralsparkasse«) grenzte. Heute ist in dem Haus der »Standard« untergebracht, der seit 2012 den Gürtel enger schnallen muss.

275 // Der Werbefachmann Rudolf Horaczek rekonstruierte ***die alte Standardschrift der Wiener Straßenschilder von 1923*** und bietet sie gratis zum Download an.

276 // Das ***Vorbild*** für die Wiener Stadterweiterung durch Anlegen der Ringstraße war ***Paris***.

277 // Das erste Akkordeon wurde ***in Wien patentiert***.

278 // ***Der Österreichische Bundespräsident*** ist mit dem Tag seiner Wahl auf Lebenszeit Träger des »Groß-Stern des Ehrenzeichens für Verdienste um die Republik Österreich«.

279 // Auf der Rückseite der ***ungewöhnlichen Anker-Uhr am Hohen Markt*** findet man eine gewöhnliche runde Uhr mit Ziffernblatt und Zeigern.

280 // Die Musikstücke, die bei der Anker-Uhr um 12 Uhr ertönen, kamen ***ursprünglich von einer Dampforgel mit 1.000 Pfeifen***. Seit 1958 kommen sie vom Tonband und seit 2000 von einem Chip.

281 // Die Wiener Straßenschilder haben den ***stahlblauen Farbton RAL 5001***.

282 // ***Der erste Kreisverkehr*** in Wien entstand 1927 am Michaelerplatz.

283 // Der Volkshochschulkurs ***»Schimpfen in Wien für Migranten«*** der VHS Meidling wurde aufgrund der medialen Berichterstattung 2013 gestrichen.

284 // DAS MOSAIKBILD »DAS WERDEN DER NATUR« IN DER U-BAHN-STATION VOLKSTHEATER BESTEHT AUS VIER MILLIONEN MOSAIKSTEINCHEN.

285 // ***Die beiden Werbe-Testimonials für die ÖBB***, Christoph Fälbl und Ciro De Luca, standen bereits 1997 zusammen auf der Bühne: im »Lachenden Bezirksgericht« in Gerald Pichowetz' Theater »Bühne 21«.

286 // Die seit 2012 ***neue Stimme der Wiener Linien***, Angela Schneider, musste ihre Ansage »Hardegggasse« gleich zu Beginn noch mal neu aufsprechen, weil sie wie »Hadikgasse« klang.

287 // Da auf den alten Straßenschildern noch »Hardeggasse« steht, wurden auch die Schilder der 2010 eröffneten U-Bahn-Haltestelle »Hardeggasse« so geschrieben, obwohl man sie ***nach der Rechtschreibreform »Hardegggasse«*** schreiben müsste.

288 // ***Bevor eine Büste eines Professors*** im Arkadenhof der Uni Wien aufgestellt werden darf, muss er mindestens 15 Jahre tot sein.

289 // Im Zweiten Weltkrieg ***wurden 46.862 Gebäude durch Kriegshandlungen beschädigt***, das waren 41 % aller Häuser.

290 // IM CAFÉ PRÜCKEL KANN MAN EINEN ORIGINAL PRÜCKELZEITUNGS-HALTER UM 23 EURO ERWERBEN.

291 // Ein angestellter Wiener verdient im Monat ***durchschnittlich 1.497 Euro netto***.

292 // ***Nur etwa 1 % der in Wien angezeigten Straftaten*** werden durch die Pressestelle der Polizei öffentlich bekannt gemacht.

293 // Im Monumentalfilm »Sodom und Gomorrha« von 1922 ***spielte Burgschauspieler Georg Reimers eine Hauptrolle***. Er ist der Stiefurgroßvater von Christoph Waltz.

294 // ***Regie bei dem am Laaer Berg gedrehten Film »Sodom und Gomorrha«*** führte der Ungar Mihály Kertész. Er emigrierte nach Hollywood und drehte dort als Michael Curtiz u. a. »Casablanca«.

295 // »Sodom und Gomorrha« der Wiener Sascha-Film war ***die bis heute größte und teuerste österreichische Filmproduktion*** mit bis zu 14.000 Mitwirkenden.

296 // ***160 Restmüll-Fahrzeuge*** sind jeden Werktag auf Wiens Straßen unterwegs.

297 // Auf einer Forschungsreise haben Wiener Biologen 2014 ein Exemplar ***des seit Jahren ausgestorben geglaubten Fisch Meeks Kärpfling*** in einem verschmutzten Bach in Mexiko entdeckt.

298 // 72 % der Wiener Unternehmer sind für eine Sonntagsöffnung in Tourismuszonen, während ***96 % der Handelsangestellten*** sie ablehnen.

299 // 60 % ALLER HÄUSERFENSTER (BOLDEN) IN WIEN SIND NICHT MEHR IN IHREM ORIGINALZUSTAND ERHALTEN.

300 // In Deutschland ***sagt man zu putzen »wienern«***.

301 // Der Begriff »wienern« kommt daher, dass man früher weiße Ledergegenstände ***mit dem Reinigungsmittel »Wiener Kalk«*** aus Dolomitstein bestrichen hat.

302 // 82 % aller Wien-Gäste kommen ***nicht aus Österreich***.

303 // Die höchste Ladenmiete zahlt man für ein Geschäft am Kohlmarkt mit ***durchschnittlich 355 Euro pro Quadratmeter und Monat***. In der Thaliastraße sind es 25 Euro pro Quadratmeter und Monat.

304 // In der ***»Beratungsstelle Extremismus«***, die im Ministerium für Familien und Jugend in Wien eingerichtet wurde, gehen pro Monat durchschnittlich 78 Anrufe ein.

305 // IN WIEN SIND 65 % ALLER FUSSGÄNGERAMPELN MIT EINEM AKUSTISCHEN SIGNAL FÜR BLINDE AUSGESTATTET.

306 // Der 1799 in Wien geborene Joseph Kyselak war der erste Graffiti-Tagger der Geschichte. ***Aufgrund einer Wette schrieb oder ritzte er auf Denkmäler und Gebäude*** in ganz Österreich den Schriftzug »Kyselak«.

ICHT DRÜCKEN
NUR
FÜR

INNSBRUCK
SALZBURG 250 KM
BREGENZ 512 KM
ZÜRICH 590 KM

307 // In Wien kann man ***heute noch auf dem Obelisken*** im Schwarzenbergpark Joseph Kyselaks Schriftzug sehen.

308 // 2014 waren ***931,2 Millionen Fahrgäste*** mit den öffentlichen Verkehrsmitteln der Wiener Linien unterwegs.

309 // In Wien gibt es 50 ***hauptberufliche Waste Watcher***, die die Einhaltung des Reinhaltegesetzes überwachen.

310 // Die MA 23 prognostiziert für das Jahr 2029 bei den Einwohnern Wiens ***ein Knacken der 2-Millionen-Grenze***.

311 // Von den 104 am Alberner ***»Friedhof der Namenlosen«*** begrabenen Wasserleichen konnten 43 identifiziert werden und sind nun also ***nicht mehr namenlos***.

312 // AUF DEM WETTERHÄUSCHEN IM STADTPARK SIND AM GELÄNDE RICHTUNG UND ENTFERNUNG VERSCHIEDENSTER STÄDTE DER WELT ANGEGEBEN. JEDE STADT HAT EINEN EIGENEN RICHTUNGSSTRICH, NUR ZÜRICH UND BREGENZ TEILEN SICH EINEN STRICH.

---

313 // Die große Uhr vor dem Uhrmacher Schmollgruber im kleinsten Haus von Wien in der Burggasse geht ***zwei Minuten hinter der Atomuhr***.

314 // Am Umgebungsplan der U-Bahn-Station Burggasse/Stadthalle war die ***Hauptbücherei bis 2015 nicht eingezeichnet***.

315 // Ecke Favoritenstraße/Kolschitzkygasse hält die Georg-Kolschitzky-Statue ***in der linken Hand ein Tablett mit Tassen***, in welche er mit einer Kanne in seiner rechten Hand Kaffee schüttet. Das Tablett mit den Tassen ist verschwunden, er ***schüttet ins Leere***.

316 // ***Wien ist die einzige Stadt in Europa***, bei der man sein Fluggepäck schon in der City beim Einsteigen in den CAT (City-Airport-Train) einchecken kann.

317 // Trotz schlechter Bewerbung der S7 am Flughafen und vermehrten Hinweisen auf den CAT, nutzten 2014 ***22 % der Passagiere die S7*** für die Anreise zum Flughafen, 11 % den CAT und 11 % den Bus.

318 // Männer gehen in Wien durchschnittlich mit 63,5 Jahren in Pension, ***Frauen mit 59,7 Jahren***.

319 // IN WIEN LEBEN ETWA 150.000 TAUBEN.

---

320 // Der Lift im Inneren der Karlskirche ***sollte 2005 abgebaut werden***.

321 // ***Die Renovierung aller Engel*** in der Karlskirche kostete 700.000 Euro.

322 // ***Ein 26-m²-Standardeinzelzimmer*** im Studentenwohnheim neben dem Campus der Wirtschaftsuni ***kostet 640 Euro im Monat***.

323 // ***Etwa 30 % aller Shopping-Center Österreichs*** befinden sich im Großraum Wien.

324 // 2 % der öffentlichen Wiener Toiletten sind mit dem Lebensmittelkeim ***»Listeria monocytogenes«*** verunreinigt.

325 // Gemessen an der Anzahl der aktiven Teilnehmer (2015: 42.742), ist der ***Vienna City Marathon*** die größte Sportveranstaltung Österreichs.

326 // Der ***kälteste Wien Marathon*** fand am 13. April 1986 bei ***bis zu -1 Grad und Schnee*** statt.

327 // In Wien werden ***rund 56.000 Senioren*** daheim betreut.

328 // IN DEN WIENER STADTGÄRTEN STEHEN INSGESAMT RUND 19.000 PARKBÄNKE.

329 // WIEN HAT DAS SECHSTGRÖSSTE STRASSENBAHNNETZ DER WELT.

330 // ***Auf dem Haus Burggasse 28–32*** steht auf dem Hausschild »32-28«.

331 // Der Wiener sagt raubeinig ***»Futraspel«*** zu einem Damenfahrrad.

332 // Das älteste noch vorhandene Naturdenkmal Wiens ist die ***»Tausendjährige Eibe«*** am Rennweg 12 im 3. Bezirk.

333 // In den innerstädtischen Bezirken 1, 4, 6, 7 und 9 gibt es immer noch ***Grenzüberschreitungen bei den Bleiwerten*** von Trinkwasser.

eces by
& SCHIELE
5
Ende

334 // DIE UMGESTALTUNG VON 49 WIENER AMPELN VON AMPELMÄNNCHEN AUF AMPELPÄRCHEN HAT PRO AMPEL 1.285 EURO GEKOSTET.

335 // Da an ***Ampelpärchen-Ampeln*** 40 % mehr von der Farbe Rot wahrzunehmen ist, gehen dort 18,5 % weniger Fußgänger bei Rot über die Straße.

336 // ***Der ORF führte 1980*** als erste TV-Station Kontinentaleuropas ***Teletext ein***.

337 // Wiens Gesamtfläche ***besteht zu 51 % aus Grünraum***.

338 // Früher wurden ***zum Schutz vor Blitzen*** am Dach des Stephandoms Hirschgeweihe angebracht.

339 // Wien ist nach Berlin ***die zweitgrößte deutschsprachige Stadt***.

340 // DAS KETTENKARUSSELL »PRATERTURM« WAR BEI SEINER ERÖFFNUNG 2010 DREI JAHRE LANG MIT 117 METERN DAS HÖCHSTE KETTENKARUSSELL DER WELT. HEUTE GIBT ES DREI ETWAS HÖHERE.

341 // Das Kettenkarussell »Praterturm« ist ***mit 30.000 Schrauben festgeschraubt***.

342 // ***Das Park Hyatt Hotel*** am Hof hat mit 820 m² auf zwei Stockwerken die größte Hotelsuite Österreichs.

343 // ***Mit 20.000 Euro die Nacht*** ist die Royal Penthouse Suite des Park Hotel Hyatt auch ***die teuerste in Österreich***.

344 // ***Es gibt in Wien 74 Straßen***, die mit »Am …« beginnen (von »Am Augartenspitz« bis »Am Weingebirg«).

345 // Am 8. Juli 2015 wurde auf der Hohen Warte mit 24,3 Grad nachts die höchste Temperatur ***seit Beginn der Temperaturmessung 1872*** gemessen.

346 // ***Das Wiener Marktamt*** führt jährlich 250 Kontrollen in Eissalons durch.

ion

347 // In Wiens Kanälen wird täglich ***eine halbe Milliarde Liter Abwasser*** zur Hauptkläranlage nach Simmering transportiert.

348 // An der ***»Marina Wien« kann man ein »Zodiac Hurricane«-Boot mieten***, das mit bis zu 120 km/h über das Wasser saust.

349 // Der Sender CNN reihte Wien 2014 ***an Platz 8 der 12 besten Shopping-Cities der Welt***. Punkteabzug gab es für die kurzen Öffnungszeiten.

350 // DIE BEIDEN 33 METER HOHEN SÄULEN NEBEN DEM PORTAL DER KARLSKIRCHE SIND INNEN HOHL.

---

351 // ***Seit 2010*** legten die Immobilienkaufpreise in Wien um 31 % zu, die Mieten aber nur um 8 %.

352 // Jedes Jahr ziehen ***25.000 Menschen*** nach Wien.

353 // ***Immer weniger Wiener*** fahren mit dem Auto zur Arbeit. 2014 waren es noch 60 %, 2015 52 %.

354 // Das Wiener Straßennetz hat eine ***Gesamtlänge von 2.817 km***. Das ist eine Strecke von Wien nach Sevilla.

355 // Die UNIQA -Versicherung kaufte das Haas-Haus am Stephansplatz 2003 für kolportierte ***60 Millionen Euro*** und verkaufte es 2014 an Do & Co für ***150 Millionen Euro***.

356 // ***Eine von 100 noch existierenden Scorro-Tauben***, die nur auf der mexikanischen Pazifikinsel Scorro vorkommen und in freier Wildbahn zuletzt 1972 gesichtet wurden, lebt jetzt im Schönbrunner Wüstenhaus.

357 // ***Rund drei Viertel der Hauptwohnsitze*** in Wien sind gemietet, ein Viertel ist im Eigentum.

358 // Täglich fahren etwa ***2,5 Millionen Fahrgäste*** mit der U-Bahn, dem Bus oder der Straßenbahn durch Wien.

359 // Ein Viertel aller Wiener verbringt den ***Sommerurlaub in Wien***.

360 // Die Wiener geben ***während des Sommers*** 183 Millionen Euro in der Stadt aus.

361 // Billy Joel bezeichnet den Song »Vienna« von 1977 als seinen besten. Er schrieb ihn ***nach dem Besuch seines Vaters***, Helmut Joel, der von 1960 bis zu seinem Tod 2011 in Wien lebte.

362 // In der Bibliothek der Uni Wien lagern ***über 65.000 Bücher aus der NS-Zeit***, in denen ein Stempelaufdruck mit Hakenkreuz zu sehen ist.

363 // Der Donauturm ist ***mit 252 Metern das höchste Gebäude*** Österreichs.

364 // ***Beide Restaurants auf dem Donauturm*** können in drei Geschwindigkeiten bewegt werden. Eine Umdrehung dauert 26, 39 oder 52 Minuten.

365 // DER STEPHANSDOM IST MIT CA. 5,5 MILLIONEN BESUCHERN JÄHRLICH DIE MEISTBESUCHTE SEHENSWÜRDIGKEIT ÖSTERREICHS.

366 // Das 4.0-Hotel »Hotel Schani« in der Karl-Popper-Straße 22 im 10. Bezirk ***ohne Rezeption, mit mobilem Check-In, mobilen Keys und Coworking-Space*** wurde eine Zeitlang nicht auf Google-Maps angezeigt und wurde so von den Hotelgästen schwer gefunden.

367 // ***Die Lohnlücke zwischen den Geschlechtern*** klafft in der Inneren Stadt am weitesten auseinander: männliche Angestellte verdienen durchschnittlich 3.391 Euro netto im Monat, weibliche 2.098 Euro (38 % weniger).

368 // Pro Tag werden in Wien ***durchschnittlich 570 Straftaten*** angezeigt.

369 // In der Annagasse 14 steht das Haus ***zum blauen Karpfen***. Es gehörte dem berühmten Wiener »Knödelwirt« Sebastian Göschl, dessen Lokal ***»Zum weißen Karpfen«*** hieß.

370 // 2014 schlossen in Wien ***1.427 Männer mit österreichischer Staatsbürgerschaft*** mit ausländischen Frauen die Ehe, während 923 Österreicherinnen ausländische Männer heirateten.

371 // Die Londoner »Times« wählte 2013 das Kunsthistorische Museum in Wien auf ***Platz sieben der 50 besten Museen*** der Welt noch vor dem Louvre auf Platz 8.

372 // Bei der »Krone«-Fußballerwahl wurde bis 2014 24-mal ein Rapid-Spieler ***Spieler des Jahres*** und 8-mal ein Austria-Kicker.

373 // Das Simmeringer Abfalllogistikzentrum Pfaffenau der MA 48 besitzt einen ***Spritsparsimulator***, auf dem die Müllabfuhrfahrer lernen, einen Liter auf hundert Kilometer einzusparen.

374 // DAS ANGEBLICHE BROT-MASS AM HAUPTPORTAL DES STEPHANSDOMS IST IN WIRKLICHKEIT EINE BEFESTIGUNG FÜR EIN EHEMALIGES GITTERTOR, MIT DEM DER STEPHANSDOM FRÜHER VERSCHLOSSEN WURDE.

375 // Die öffentliche in auffälligem ***Blau*** gestaltete WC-Anlage im Rathauspark entwarf der Architekt Luigi ***Blau***.

376 // ***»Simmering«*** heißt aus dem Englischen ins Deutsche übersetzt ***brodelnd, kochend, fiebrig***.

377 // Das Zentraldepot des Wiener Museums befindet sich nicht in Wien, sondern ***in der niederösterreichischen Gemeinde Himberg***.

378 // ***Im Zentraldepot des Wiener Museums*** lagern 460.000 Objekte vom Malerkittel Gustav Klimts über den Dienstwagen Bruno Kreiskys bis zum alten Schriftzug des Südbahnhofs.

379 // Von 2010 bis 2015 ging bei gleichzeitigem Einwohneranstieg um 10 % ***die Zahl der Straftaten in Wien um 17 % zurück***.

380 // ÜBER 10.000 USER PRO WOCHE NUTZEN DIE ÖFFENTLICHEN WLAN-ACCESS-POINTS DER STADT WIEN.

---

381 // Der stärkste Monat in der Geschichte des Wiener Airports war bis 2015 der ***August 2015 mit 2,39 Millionen Fluggästen***.

382 // ***Adolf Hitler***, der u. a. in Berlin, Hamburg, München, Leipzig und Köln zum Ehrenbürger ernannt wurde, war ***nie Ehrenbürger von Wien***. Vermutlich, weil er es selbst nicht wollte.

Hier gibt´s gratis
wien.at
Public WLAN
powered by MA 33: 0800 33 80 33

383 // ***Vier von zehn Wiener Autofahrern*** halten vor Zebrastreifen nicht an, wenn ein Fußgänger die Straße überqueren will.

384 // Der Wiener Stadtpark war bis 1960 ***komplett von einem Gitter*** eingezäunt.

385 // DIE WIENER HOTELZIMMERPREISE WURDEN WÄHREND DES SONGCONTEST-WOCHENENDES 2015 UM 50 BIS 70 % ERHÖHT.

386 // »King Kong und die weiße Frau« von 1933 mit Fay Wray war der erste Film der Kinogeschichte, in dem Musik unter die Dialoge gelegt wurde, um die Dramatik zu steigern. ***Die Musik schrieb der Wiener Max Steiner***.

387 // Max Steiner, der in der Praterstraße 72 geboren wurde, schrieb die Musik zu über 300 Hollywoodfilmen, darunter ***»Casablanca«*** und ***»Vom Winde verweht«***.

388 // ***Der Vater von Max Steiner, Gabor Steiner***, ließ das Wiener Riesenrad erbauen.

389 // Der Großvater von Max Steiner, Maximilian Steiner, ***animierte als Direktor des Theaters an der Wien*** Johann Strauss Sohn, für das Theater zu schreiben, und führte als erster erfolgreich die Operette »Die Fledermaus« auf.

390 // Die Schulden der Stadt Wien ***stiegen von 2008 bis 2013 um 218 %***.

391 // In Wien leben etwa ***1.566 Staatenlose***.

392 // Von den 371 linksextrem motivierten Tathandlungen 2014 in ganz Österreich wurden 167, also 45 %, ***im Zuge des Wiener Akademikerballs 2014*** verübt.

393 // 2015 gab es ***für 740 Plätze*** an der Medizinischen Universität in Wien ***6.912 Bewerber***.

394 // DREIVIERTEL ALLER WIENER MIETSHÄUSER HABEN NEBEN DER GEGENSPRECHANLAGE EIN SCHLOSS FÜR DEN ZENTRALSCHLÜSSEL, MIT DEM POSTLER, MÜLLABFUHR UND POLIZEI INS HAUS KÖNNEN.

---

395 // ***Der Patentschutz für Zentralschlüssel*** ist seit 2004 abgelaufen, der Schlüssel darf legal von jedermann kopiert werden.

396 // ***Die Zahl der Gästeübernachtungen in Wien*** steigerte sich in den zehn Jahren von 2004 bis 2014 um 60,4 %.

397 // Wien ist die Stadt mit dem ***weltweit besten Ansehen*** vor München und Sidney.

398 // ***Stilles Betteln ist in Wien erlaubt.*** Pro Jahr gibt es etwa 900 Anzeigen wegen aggressiven Bettelns.

399 // IN WIEN LEBEN 11.853 MENSCHEN RÖMISCH-KATHOLISCHEN GLAUBENS UND 53 BUDDHISTEN.

Bau keinen Mist.

KOMM ZU UNS

400 // ***Der Darsteller des »Echten Wieners« Mundl Sackbauer***, Karl Merkatz, kommt aus dem 50 km von Wien entfernten Wiener Neustadt.

401 // Im Krankenhaus Rudolfstiftung im 3. Bezirk wurde zum ersten Mal in Österreich einer blinden Patientin ein bionisches Auge, eine Art ***Computerchip als Augenersatz***, eingesetzt. Weltweit gab es davor erst 140 solcher OPs.

402 // In der Wiener Innenstadt hat es etwa ***72 Mal pro Jahr eine Temperatur von über 25 Grad***. Am Stadtrand gibt es Regionen, bei denen das unter 30 Mal pro Jahr der Fall ist.

403 // ***Der höchste Punkt Wiens*** ist der Hermannskogel mit 543 Metern.

404 // Der Grabstein des »Der dritte Mann«-Komponisten Anton Karas am Sieveringer Friedhof hat ***die Form einer Zither***.

405 // Das ehemalige Beginen-Frauenkloster am Laurenzerberg war mit dem Dominikanerkloster am Fleischmarkt ***durch einen unterirdischen Gang verbunden***.

406 // Im Uhrenmuseum im 1. Bezirk steht ***eine astronomische Uhr von 1796 mit 32 Zeigern***. Der langsamste braucht für eine Umdrehung 20.904 Jahre.

407 // DAS HAUS DES MEERES BESITZT SEIT 2015 EIN EXEMPLAR DER GIFTIGSTEN SCHLANGE DER WELT, DEM AUSTRALISCHEN INLAND-TAIPAN. EIN BISS VON IHR WÜRDE AUSREICHEN, UM 200 MENSCHEN ZU TÖTEN.

---

408 // Der ***erste Unterwasser-Gemäldemaler*** der Welt (Eugen Freiherr von Ransonnet-Villez) und der ***Begründer der modernen Unterwasserfotografie*** (Hans Hass) waren ***beide Wiener***.

409 // Das wienerische ***»Kåtzengschraa«*** ist eine Speise aus Fleisch und verschiedenen Innereien. Es heißt auch Altwiener Hosntürlfleisch.

410 // EINE TABUZONE BEIM FANGENSPIELEN HEISST AUF WIENERISCH »LEO«. ES GEHT ZURÜCK AUF HERZOG LEOPOLD DEM GLORREICHEN (1176–1230), DER BESTIMMTE, DASS EIN VERBRECHER, DER SICH IN EIN KLOSTER RETTET, NICHT VERHAFTET WERDEN DARF.

---

411 // BILLA-Gründer Karl Wlaschek ist ***in einem eigenen Mausoleum*** seines Hauses, dem Palais Kinsky auf der Freyung, bestattet.

412 // In der Schatzkammer in Wien ist ein heiliger Nagel ausgestellt, mit dem Christus ans Kreuz genagelt worden sein soll. ***Insgesamt erheben etwa 30 Stätten den Anspruch***, einen heiligen Nagel zu besitzen.

413 // Die in der Wiener Schatzkammer ***ausgestellte Heilige Lanze***, mit der der Soldat Longinus die Seite von Jesus durchbohrt haben soll, stammt aus dem 8. Jahrhundert nach Christus.

414 // Das wienerische Wort Beisl kommt vom böhmischen »hampejz«, was ***Hundehütte, Kegelbahn oder Bordell*** bedeutet.

LEOPOLD
Die Stadt der Lieder war erblüht
An Frohsinn reich, an Gemüth
Frauen Lob

BIG DISCOUNT
30 -50%
-SHIRT from - 10.90
WEATSHIRT XL XXL 20.90
MAGNETS from - 2.90
BIG PLATE from - 7.90
BAG'S from - 7.90
PARTY OF THE YEAR
Austria
XL-XXL
20.90
I
VIENN

415 // Der Großvater von André Heller, Wilhelm Heller, brachte 1891 zusammen mit seinem Bruder Gustav ***das erste Dragee der Welt*** auf den Markt.

416 // Eine Ehe von Paaren, die sich in Wien scheiden lassen, dauert ***durchschnittlich 8,3 Jahre***.

417 // Die ***weißen hohen Hauben für Köche*** wurden von dem Koch Marie-Antoine Carême erfunden, als er 1821 für den englischen Gesandten in Wien arbeitete.

418 // 72 % DER WIENER LEBEN SEHR GERNE IN IHRER STADT.

---

419 // Der Wiener Schauspieler Peter Matić ist seit 1982 die ***Standard-Synchronstimme von Ben Kingsley***.

420 // Die Tram-Linie 6 fährt ***mit 14,4 km die längste Strecke*** innerhalb Wiens. Sie braucht dafür etwa 50 Minuten.

421 // Einer der bekanntesten Rapid-Fans, der ***»Rapid Charly«***, hat in seiner Wohnung alles, was violett ist, verbannt. Zur Taufe seiner Kinder wurde die Rapid-Hymne gesungen.

422 // Im Jahr 2014 gab es in Wien 564 Wiener, die ***älter als 100 Jahre*** alt waren.

423 // Oswald Wiener, der 1968 an einem ***als »Uni-Ferkelei« bekannten Happening an der Uni Wien*** teilnahm und vor einem anhängigen Verfahren wegen Gotteslästerung nach Deutschland flüchtete, ist der Vater der TV-Köchin Sarah Wiener.

424 // PRO JAHR GEHEN DIE WIENER MIT CA. 5 MILLIONEN BESUCHEN INSGESAMT ETWA GENAUSO OFT IN KINOS WIE IN ALLE THEATER-, MUSIKTHEATER UND KONZERTSÄLE ZUSAMMEN.

---

425 // Vienna war während der Entwicklung der ***interne Codename für das Betriebssystem*** Windows 7.

426 // ***Vom Süden bis zum Norden Wiens*** wandert man bei konstanter Geschwindigkeit (von 5 km/h) etwa 4,5 Stunden.

427 // Wien ist mit 415 km^2 ***etwa gleich groß wie Köln*** (405 km^2), hat aber etwa 750.000 Einwohner mehr.

428 // ***Wiener Partie*** ist eine unter Großmeistern selten gespielte Eröffnung beim Schachspiel.

429 // ***Bis 1904 transportierte jede Woche*** ein Floß Passagiere in fünf Tagen von München nach in Wien.

AKADEMIE
THEATER
UNIVERSITÄT FÜR MUSIK
UND DARSTELLENDE KUNST

Wiener Konzert Haus.

430 // 36 PROZENT ALLER IN WIEN BEGANGENEN TATEN WERDEN VON DER POLIZEI AUFGEKLÄRT.

431 // Das einzige ***Fälschermuseum*** in Europa steht vis-à-vis vom Hundertwasserhaus in der Löwengasse.

432 // Die seitliche Front des ***Fälschermuseums*** befindet sich in der ***Blütengasse***.

433 // Der 13 Meter lange ***Durchgang von der Salmgasse zur Czapkagasse*** im 3. Bezirk ist gerade mal 1,20 m breit.

434 // Auf dem Haus Karl-Schweighofer-Gasse 14 steht ***»Den Armen Wien's gewidmet«***. In diesem Haus befindet sich heute das ***Designmöbelgeschäft*** »Cento Design«.

435 // Das Hausnummernschild »Rasumofski-G. 16« ist wegen des »i« und des Bindestrichs ***doppelt falsch geschrieben***, wie man am Straßenschild »Rasumofskygasse« direkt darüber erkennen kann.

436 // Am Rathausplatz bildeten am 7. Oktober 2015 750 Freiwillige ***das größte »Herz aus Menschen«*** der Welt für die verunglückten Sportlerinnen Kira Grünberg und Vanessa Sahinovic.

437 // 28 % der Wiener Radfahrer tragen ***einen Helm***.

438 // ***Fast 200.000 Menschen pendeln täglich*** aus Niederösterreich und dem Burgenland nach Wien.

439 // Die Wahlbeteiligung bei der ***Bürgermeisterwahl 2015*** in Wien war genau 74,74 %.

440 // 2015 gab es ***die höchste Wahlbeteiligung*** bei einer Wiener Bürgermeisterwahl seit 1983.

441 // Im Regierungs-Komplex Stubenring mussten 2.500 Lampen ausgetauscht werden, weil sie ***entgegen einer EU-Norm*** mit 20 Lux statt mit 100 Lux strahlten.

442 // In manchen U-Bahnstationen ist die Farbgebung nicht exakt eingehalten, sodass ***die orangefarbene U3 manchmal wie eine rote U1*** aussieht (z. B. in der Station Stubentor).

WENN'S WIRKLICH WICHTIG IST.
DANN LIEBER MIT DER POST.
Post
Montag - Freitag 16:00

443 // IN WIEN GIBT ES NUR MEHR 1.200 POSTKÄSTEN. DIE MEISTEN DAVON IN FAVORITEN (94).

444 // ***Kaiser Franz Joseph und Sisi*** wuschen jedes Jahr am Gründonnerstag zwölf alten Männern und zwölf alten Frauen zwischen 88 und 92 Jahren die Füße.

445 // Am 27. November 1962 wurde in der Sauraugasse 22 im 13. Bezirk ***die letzte Gaslaterne Wiens*** gelöscht. Die Pensionstin Hedwig Setele lebte allerdings noch bis 1970 in ihrer Wohnung mit Gasbeleuchtung.

446 // Der Narrenturm am Gelände des Universitätscampus war ***das erste Irrenhaus der Welt***.

447 // Heute wird im ***Narrenturm mit etwa 45.000 Exponaten*** die größte pathologische Sammlung der Welt ausgestellt.

448 // Die Filmszenen in dem James-Bond-Film »Der Hauch des Todes«, die in Bratislava spielen sollen, wurden ***alle in Wien gedreht***.

449 // ***Thomas Alva Edison*** konzipierte und leitete selbst die Lichtinstallation in der Großen Galerie von Schloss Schönbrunn.

450 // IN DEN 1990ER-JAHREN
ENTGLEISTE DIE STRASSENBAHN 71 ZWEIMAL AN GENAU DERSELBEN STELLE (SIMMERINGER STRASSE/ GOTTSCHALKGASSE) UND MIT GENAU DERSELBEN GARNITUR.

Ford
Ein Unternehmen von
Simmeringer Hauptstraß
1110 Wien
WIENER WIESN
PARTY TICKETS
58885
WIENER
WIESN
Fest
HMBC I SUMPFKRÖTEN
DJ ÖTZI MIT BAND
POWERKRYNER I UVM.
24.9.–11.10.
www.wienerwiesnfest.at

451 // 1622 wurde ***im Stephansdom*** eine Zwergenhochzeit geschlossen, zu der ***nur Zwerge*** eingeladen waren.

452 // Den Prototyp des berühmten Thonet-Sessels, genannt ***Wiener Kaffehaus-Stuhl oder Stuhl Nr. 14***, entwarf Michael Thonet für das Wiener Café Daum am Kohlmarkt.

453 // Michael Thonet, Hersteller des berühmten ***Stuhls Nr. 14***, hat seine Grabstätte am Wiener Zentralfriedhof in der ***Gruppe 14***.

454 // Die Firma ***»Wojnar's Wiener Leckerbissen«*** verarbeitet pro Jahr 1.600.000 Kilogramm Rapsöl, 14 Millionen Eier und 1.600.000 Kilogramm Topfen.

455 // Die frühere Vorwahl von Wien 0222 konnte man noch bis 2007 alternativ ***neben der 01*** wählen.

456 // DURCHSCHNITTLICH PASSIEREN TÄGLICH 5.041 RADFAHRER DIE WIENER OPER.

---

457 // Das erste Mal wird der Wiener ***Prater*** in einer Urkunde von 1162 erwähnt, in der Kaiser Friedrich ein Grundstück zwischen Schwechat und Donau, das »gemeinhin ***Pratum***« (lateinisch für Wiese) genannt wird, einem Adeligen namens Conrad de ***Prato*** vermacht.

458 // Der Name ***»Obi«***, der in Wien als ***Synonym für Apfelsaft*** steht, kommt eigentlich aus der Schweiz (»Obstverwertung Bischofszell«).

459 // Der Wiener Medienwatchblog »Kobuk.at«, der Zeitungsenten aufdeckt, hat seinen Namen von dem erfundenen Eskimodichter Kobuk. Als dieser verkleidet kam ***Helmut Qualtinger 1951 am Westbahnhof*** an und narrte die Presse.

460 // ***Der Besitzer des Siegerpferdes*** beim ersten Galopp-Derby Österreichs in der Freudenau 1868 hieß Chevalier de Rama.

461 // Die Galopprennbahn Freudenau wurde auf ***der ehemaligen Fleischhackerwiese*** errichtet.

462 // Das etwa ***300.000*** m² große Gänsehäufel besuchen in der Badesaison täglich etwa ***30.000*** Menschen.

463 // In Favoriten kommen ***1.846 Einwohner auf einen praktischen Arzt***, in der Inneren Stadt 170.

464 // DER TOBOGGAN-TURM IM WURSTELPRATER HAT SEINEN NAMEN VON EINEM LEICHTEN ESKIMO-SCHLITTEN.

465 // Wien gehört laut einer britischen Studie ***zu den 10 Top-Internet-Citys*** der Welt.

466 // ***24 % der Wiener Erwerbstätigen*** sind Akademiker.

467 // Der hochgerechnete jährliche Schaden für den Wirtschaftsstandort Wien durch Wirtschaftsspionage beträgt ***1,6 Milliarden Euro***.

468 // Der Nationalratsabgeordneter und Vorsitzende der Bau-Holz-Gewerkschaft Josef Muchitsch mit einem Bruttoeinkommen von 8.806 Euro wollte in eine der ***billigsten Wohnungen Wiens*** ziehen und für 37 m² 285,99 Euro zahlen. Nach Bekanntwerden der Geschichte kündigte er die Wohnung.

DER ZWÖLFJÄHRIGE
W.A.MOZART
DIRIGIERTE IN DIESEM
GOTTESHAUSE GELEGENT
LICH DER EINWEIHUNG
AM 7.XII.1768 IN ANWESEN
HEIT DER KAISERIN MARIA
THERESIA SEINE ERSTE
FESTMESSE
WIENER
SCHUBERTBUND
7.XII.1931

469 // Kanalarbeiter können ***über 47.500 Kanalgitter*** in Wiens Unterwelt einsteigen.

470 // GRAHAM GREENE SCHRIEB DEN ROMAN ZUM »DRITTEN MANN« MIT DER HAUPTFIGUR HARRY LIME IM CAFÉ MOZART AM ALBERTINAPLATZ.

---

471 // Im Film »Der Horror-Alligator« von 1980 sieht man kurz vorm Abspann die Worte ***»Harry Lime lives«*** an eine Chicagoer Kanalisations-Wand gekritzelt.

472 // Das wienerische Wort »Harpfen« für Bett kommt von der Harfe wegen der Ähnlichkeit des Instruments ***zu einem alten Bettgestell*** mit seinen federnden Metalleinsätzen.

473 // Im Jahr 2014 ließen sich ***4.444 Paare in Wien scheiden***.

474 // Den ganzen Juni 2015 fuhr eine ***500 Kilo schwere und 4,6 Meter hohe Pagoflasche*** als Werbegag zwischen zwei Gondeln am Riesenrad mit.

475 // Im tiefsten Wienerisch bestellt man beim Würstelstand die bekannte Eitrige (Käsekrainer) mit »am Gschissenen« (süßer Senf) und ***»Klostana« (Klosteine = Urinalkugeln = Perlzwiebeln)*** und genießt den Schmaus.

476 // DIE CONFISERIE HEINDL ERZEUGT »WIENER SÄNGERKNABEN KUGELN«.

477 // ***Die Wiener Sängerknaben treten nach außen hin*** einheitlich unter diesem Namen auf. Intern sind es aber vier Chöre, die ihr Repertoire unabhängig voneinander einstudieren.

478 // Im US-Bundesstaat Wisconsin gibt es ***eine Siedlung namens Wien***. Die nächstgelegene größere Stadt heißt Wausau.

479 // Das Wein-Café »Unger und Klein im Hochhaus« im Hochhaus in der Herrengasse, importiert seinen Kaffee aus Berlin. ***Er heißt »Wiener Mischung«.***

480 // DER BÄRENMÜHLDURCHGANG ZWISCHEN OPERNGASSE UND RECHTER WIENZEILE ZUM NASCHMARKT SOLLTE EIGENTLICH EINE STRASSE, DIE BÄRENMÜHLGASSE, WERDEN.

481 // Der Bürgermeister von Wien im Jahr 1318 hieß ***Hermann von St. Pölten***.

482 // ***Der erste Wiener Defibrillator***, der frei im öffentlichem Raum und nicht in einem Gebäude oder der U-Bahn steht, befindet sich auf der Freyung/Ecke Strauchgasse.

483 // Die erste österreichische Filmproduktionsgesellschaft Saturn-Film wurde ***1906 in der Fasangasse im 3. Bezirk gegründet*** und stellte erotische Filme, genannt »hoch pikante Herrenabend-Films«, her.

484 // ***Dem Bürgermeister von Osaka gefiel die Müllverbrennungsanlage Spittelau*** so sehr, dass er die bereits geplante Müllverbrennungsanlage Maishimi in Osaka von Friedensreich Hundertwasser umgestalten ließ.

485 // Kurier-Leser haben einen ***16 % höheren Bildungsgrad und ein 14 % höheres Einkommen*** als der Bevölkerungsdurchschnitt.

486 // Die Wiener Einkaufsstraßen sind ***offizieller Straßenpartner des Kurfürstendamms*** in Berlin.

487 // AUF DEN MARMORPLATTEN AM POSTSPARKASSENGEBÄUDE VON OTTO WAGNER BEFINDEN SICH SICHTBAR 17.000 BLEIVERKLEIDETE EISENNÄGEL.

488 // ***Die Eisennägel am Postsparkassengebäude dienen nicht dazu***, die Marmorplatten zu befestigen, sondern symbolisieren eine mit Nägeln verschlossene Schatztruhe.

489 // Wo die ***Planetengasse*** auf die Raaber-Bahn-Gasse stößt, befindet sich die Bestattung A. ***Himmel***.

490 // Der bahnorama-Aussichtsturm, von dem aus man die ***Fortschritte beim Bau des Wiener Hauptbahnhofs*** beobachten konnte, war mit 66,72 m der höchste begehbare Holzturm Europas.

491 // Auf den Dienstausweisen von Kontrolloren der Wiener Linien ist ein ***Foto und eine Dienstnummer, aber kein Name***.

492 // Auf der Front der Firma »J. & L. Lobmeyr« auf der Kärntnerstr. 28 steht das Wort ***»Niederlage«***, da das ***in der Kaufmannssprache früher Zweigstelle*** bedeutete.

493 // München liegt ***südlicher als Wien***.

494 // Die Bepflanzung der Fassade der MA-48-Zentrale am Gürtel besteht aus ***17.000 Pflanzen***.

495 // ***Das Pflanzenkleid der MA-48-Zentrale*** erbringt dieselbe Leistung wie 47 Klimakühlgeräte.

496 // DER DEUTSCHE DJ UND MUSIKER ALLE FARBEN (»SYNESTHESIA«, »SUPERGIRL«) NANNTE SICH ZUERST HUNDERT FARBEN IN ANLEHNUNG AN FRIEDENSREICH HUNDERTWASSER.

---

497 // Die futuristische runde Dachplastik ***am Bundesamt für Eich- und Vermessungswesen*** in der Schiffamtsgasse wurde vom selben Bildhauer geschaffen, der die realistische Bärenskulptur vor dem Kindergarten des Kurt-Steyrer-Hofs Landstr. Hauptstr./Neulinggasse gemacht hat.

498 // Der geografische Mittelpunkt Wiens nach der Schwerpunkts-Methode (die Umrisse Wiens werden ausgeschnitten und auf einer Nadel ausbalanciert) befindet sich ***in der Bäckerstraße 20 im 1. Bezirk***.

499 // DAS METALLFRIES »DER WEG NACH EUROPA« IN DER PASSAGE DES WESTBAHNHOFS WURDE LAUT INFORMATIONSTAFEL AUS »SCHWEISSABFÄLLEN« GEMACHT.

KUNST HAUS WIEN
MUSEUM HUNDERTWASSER
im KUNST HAUS WIEN

500 // ***Der erste Münzfernsprecher*** Österreichs wurde am 17. August 1903 am Wiener Südbahnhof eröffnet.

501 // Im Parlament in Wien gibt es eine eigene Wäscherei, in der ***pro Monat über 700 kg Wäsche*** anfallen.

502 // Die erste Ausgabe des »KURIER« ***am 27. August 1945*** kostete 20 Groschen.

503 // DIE IMMER NOCH AN EINIGEN ECKEN WIENS AUFGESTELLTEN PERSONENWAAGEN MIT RUNDER ZIFFERNANZEIGE FÜR 20 CENT EINWURF SIND DAS MODELL »SCHNELLWAAGE 24000 MI« DER FIRMA BERKEL.

---

504 // In Wien gibt es ***über 6.977 Kilometer Hochspannungsleitungen*** und 61 Umspannwerke.

505 // Der terroristische Anschlag auf das OPEC-Hauptquartier in Wien 1975 traf die Polizei unvorbereitet, es gab keine Krisenpläne. Bei einer ***Sport-Übertragung im ORF*** wurde eingeblendet: »Polizisten, die sich in Freizeit befinden, sollen sich in der Bundespolizeidirektion melden.«

20
CENT

506 // DIE WIENER RETTUNGSWÄGEN

IN DEN 1970ERN WAREN GRÜN UND WURDEN VON DEN TERRORISTEN DER OPEC-GEISELNAHME FÜR POLIZEIAUTOS GEHALTEN. SEIT DIESER ZEIT SIND WIENER RETTUNGSAUTOS WEISS UND HABEN DIE AUFSCHRIFT »AMBULANCE«.

507 // 2002 wurde in einer weltweiten Studie ***der einmalige Klang von Wiener Traditionsorchestern***, genannt der »Wiener Klangstil«, wissenschaftlich belegt.

508 // Wohnungen in der Tuchlauben in Wien stehen ***mit einem Quadratmeterpreis von bis zu 30.000 Euro*** auf Platz 18 der teuersten Wohnungen der Welt.

509 // Auf insgesamt 242 Kilometern Straßenlänge ist in Wien ***Radfahren gegen die Einbahn*** erlaubt.

510 // Die Künstler in Madame Tussauds Wachsfigurenkabinett arbeiteten ***an den Haaren der Conchita-Wurst-Figur*** vier Wochen und zwei Wochen am Bart.

511 // ***Giacomo Casanova hielt sich drei Mal*** in Wien auf: Beim ersten Mal wurde er beim Wildpinkeln von einem Keuschheitskommissar gerügt. Beim zweiten Mal wegen Falschspiels der Stadt verwiesen.

512 // Wien ist mit einer Reben-Anbaufläche von 557 Hektar ***die einzige Hauptstadt der Welt*** mit einer kommerziellen Weinproduktion.

513 // Am Schwarzenbergplatz steht mit ***rund 60 Rebstöcken der kleinste Weingarten*** mit einem Ertrag von 50 bis 60 Flaschen Wein pro Jahr.

514 // In Wien heiratet eine Frau ***durchschnittlich mit 29,8 Jahren*** und ein Mann mit 32,2 Jahren.

515 // Eine Redakteurin des deutschen Musikmagazins »De:Bug« stellte die These auf, dass ***dank des Leopoldstädter Clubs »Pratersauna«*** Wien im nächsten Jahrtausend das neue Berlin werden wird.

516 // Semino Rossi ist im Schönbrunner Tiergarten ***Tierpate des Großen Nasenbären***.

517 // ***Die heute viel verwendete Methode***, Hits eines Komponisten zu einem neuen Musical zu verarbeiten (Falcos »Falco meets Amadeus«, Udo Jürgens' »Ich war noch niemals in New York«) wurde in der Neuzeit 1899 zum ersten Mal von Adolf Müller jun. angewandt, der Tanzmelodien von Johann Strauss zu der Operette »Wiener Blut« zusammenfügte.

518 // Ein ***Tattoostudio*** in der Neubaugasse heißt ***»Wiener Blut«***.

519 // DIE STATUE DES BILDHAUERS GEORG RAFFAEL DONNER AM SCHWARZENBERGPLATZ ZEIGT IHN AN EINEM MODELL EINER FRAUENFIGUR ARBEITEND. ES IST DIE ZENTRALE HAUPTFIGUR DES DONNERBRUNNENS AM NEUEN MARKT.

---

520 // Der erste Eisverkäufer in Wien war der Italiener Bartolo Bensari, der ***1602 Gefrorenes aus Orangensaft*** unter dem Namen ***»Aqua Bensari«*** anbot.

521 // Die Stadthymne Münchens »Solang der alte Peter« wurde vom Wiener Komponisten Carl Lorens in Wien komponiert und hieß ursprünglich ***»Solang der alte Steffel am Stephansplatz noch steht«***.

G. RAPHAEL
DONNER

522 // JEDER VIERTE WIENER WOHNT IN EINEM GEMEINDEBAU.

523 // Das 1895 errichtete »Venedig in Wien« im Bereich des Praters war ***einer der ersten Themenparks der Welt***.

524 // An der Stelle des Eckhauses Erdbergstraße 41/ Schwalbengasse 17 im 3. Bezirk stand die Dorfschenke, in der ***der englische König Richard Löwenherz*** 1192 gefangengenommen wurde.

525 // ***Wiens ältester feststehender Würstelstand*** ist der 1928 gegründete »Leos Würstelstand« am Döblinger Gürtel 2.

526 // SEIT 2004 MÜSSEN FIAKERPFERDE IN WIEN PFERDEWINDELN (POOH-BAGS) TRAGEN.

527 // Straßenschäden, die ***durch Hufeisen von Fiakerpferden verursacht*** wurden, mussten von der Stadt Wien für insgesamt etwa sechs Millionen Euro saniert werden.

528 // Der Wiener Ausdruck für eine Karre, ein schlechtes Auto, ***Tschäsn***, kommt aus dem Französischen. Eine Chaise war eine Sänfte.

WOHNHAUS DER GEMEINDE WIEN
ERRICHTET IN DEN JAHREN 1988 - 1990

RIST-INFO

529 // Der Hund, der 1994–1999 die Stunts in der Wiener Krimiserie ***»Kommissar Rex«*** ausführte, hieß ***SOKO***.

530 // In Wien kann man in zu Hotelzimmern umgebauten ***ehemaligen Geschäften wie einer Trafik***, einer Schneiderei, einem Kunstatelier, einer Schlosserei und einer Galerie übernachten.

531 // Die dreiteilige bunte Skulptur »Room in Vienna« von Franz West, die seit 2010 ***auf der Südseite des Oberen Belvedere*** steht, war vorher in Rom und London zu sehen. Dort hieß sie »Room in Rome« und »Room in London«.

532 // JULIUS MEINL BETREIBT IN CHICAGO VIER CAFÉS.

533 // DIE SPITZE DES STEPHANSTURMS IST HEUTE EIN DOPPELADLER MIT DOPPELKREUZ. DAVOR WAR ES EINE MONDSICHEL MIT STERN, ALS VERSINNBILDLICHUNG VON GEISTLICHER UND WELTLICHER MACHT.

534 // In den Julius-Meinl-Cafés in Chicago bekommt man ***Melange, Einspänner und Franziskaner***. Der Verlängerte heißt dort aber Americano.

535 // Wien wird von ***153.000 Beleuchtungskörpern mit insgesamt 241.000 Lampen*** erleuchtet.

536 // Die Wiener Straßenzeitung »Augustin« wird von insgesamt 450 Verkäufern verkauft und ***hat 333 Unterstützer***, die je 25 Euro im Monat spenden.

537 // Der Wiener Fotograf Erich Lessing, der in der Weihburggasse 22 das Atelier »lessingimages.com« betreibt, ***schoss das berühmte Foto von Figl*** mit dem Staatsvertrag am Belvedere-Balkon 1955 sowie die Set-Fotos von »Alexis Zorbas« (mit Anthony Quinn), »The Sound Of Music« (mit Julie Andrews) und »Moby Dick« (mit Gregory Peck).

538 // Am Kopf der »Wiener Trinkbrunnen« von Prof. Hans Muhr kommen ***aus zwei Düsen drei Wasserstrahlen***, die mit dem Buchstaben »W« das »Wiener Wasser« symbolisieren.

539 // ***»Wiener Trinkbrunnen«*** stehen auch in Chicago, Genf, Budapest, Stockholm, Berlin, Leipzig und Hongkong.

540 // DIE UHREN IM WETTERHÄUSCHEN IM STADTPARK ZEIGTEN URSPRÜNGLICH DIE UNTERSCHIEDLICHEN ZEITEN VERSCHIEDENER WELTSTÄDTE AN.

---

541 // Es gibt ***6.842 Straßen*** in Wien.

542 // ***Im historischen Kassensaal der Postsparkasse*** am Georg-Coch-Platz werden immer noch jeden Tag die hängenden Tafeln mit dem aktuellen Datum per Hand umgehängt.

543 // Am Straßenschild der Hanuschgasse im 1. Bezirk wurde eine Zusatztafel angebracht, auf der steht: »Ferdinand Hanusch (1866–1923) – Sozialdemokratischer Politiker – Schöpfer des ***Arbeitrechts***«. Richtig müsste es aber heißen: »Schöpfer des ***Arbeitsrechts***«.

544 // Im 1. Wiener Gemeindebezirk müssen die Bewohner durchschnittlich ***81 % ihres Haushaltseinkommens fürs Wohnen*** ausgeben.

545 // Durchschnittlich geben die Wiener ***30 % ihres Haushaltseinkommens für Wohnen*** aus (ohne Betriebs- und Nebenkosten).

546 // Die Medizinischen Gesellschaft für Inkontinenzhilfe Österreich hat einen ***WC-Stadtplan für Wien*** herausgebracht, in dem 200 öffentliche WC-Anlagen verzeichnet und beschrieben sind.

547 // Die Doppelfiguren-Reliefs an der Fassade des ehemaligen »La Stafa« (jetzt »Coccoon Hotel«) an der Mariahilferstraße stammen von dem ***Jugendstilkünstler Anton Hanak*** und befinden sich seit 1911 an dem Gebäude. Sie stellen Berufsgruppen und das Thema Einigkeit dar.

548 // ***STAFA war ursprünglich die Abkürzung*** für »Staatsangestellten-Fürsorgeanstalt«, die während des Krieges kurzzeitig Eigentümer des Gebäudes war. Der Name »Stafa« hat sich beinahe 100 Jahre für dieses Warenhaus erhalten.

549 // DIE ERSTE FUSSGÄNGER-AMPEL IN WIEN BEFAND SICH 1951 AM STOCK-IM-EISEN-PLATZ.

550 // Obwohl die Wiener Verkehrsbetriebe seit 1999 Wiener Linien heißen, haben die Autokennzeichen ihre Einsatzfahrzeuge ***immer noch die Endung VB für Verkehrsbetriebe***.

551 // Auf dem Gelände der neuen Post-Zentrale am Rochusmarkt wurden ***die ältesten römischen Funde im Wiener Stadtgebiet*** entdeckt.

552 // Obwohl das Wappen des Stadtteils Erdberg eine Erdbeere ziert, kommt ***der Name nicht von der Frucht***, sondern von einer Wallanlage im Mittelalter, der Erdburg.

553 // ***Die Europa-Zentrale*** der Lufthansa-Tochter »Eurowings« ist Wien.

554 // 2015 GAB ES IN WIEN VON JÄNNER BIS AUGUST EIN PLUS VON 22 % AN CHINESISCHEN UND VON 40 % AN ARABISCHEN TOURISTEN.

---

555 // Der Flughafen Wien ist beteiligt ***am Flughafen Luqa in Malta*** und ***am Flughafen Letisko Košice in der Slowakei***.

556 // Das Wiener-Original der 1990er-Jahre, »Waluliso«, hieß nach den Anfangsbuchstaben von ***»Wasser, Luft, Licht, Sonne«***. Die vier Elemente sind allerdings Wasser, Luft, Licht und Erde.

557 // Am Hernalser Gürtel fliegen ***durchschnittlich 115.000 Partikel Ultrafeinstaub pro Kubikzentimeter Luft*** durch die Luft. Zum Vergleich: Die stark befahrene Invalidenstraße beim Berliner Hauptbahnhof misst 40.000 Partikel/cm^3.

558 // Die Stadt Wien betreibt ***in elf europäischen und neun Übersee-Ländern*** Tourismus-Werbung mit einem Gesamtbudget von 14,8 Millionen Euro.

559 // Auf den Infotafeln der Stadt Wien im Stadtpark wird fälschlicherweise sowohl die Kleine ***Ungarbrücke*** als »Kl. ***Ungarnbrücke***« bezeichnet als auch ***U-Bahn*** als ein Wort geschrieben: ***»U-Bahn«***.

560 // Wien und Bratislava sind die beiden europäischen Hauptstädte, die ***mit einer Entfernung von 56 Kilometern Luftlinie*** am nächsten aneinanderliegen.

561 // ***Das Grünblinken am Ende der Grünphase*** von Verkehrsampeln wurde in Wien 1959 eingeführt, für Fußgängerampeln erst in den 1980ern.

562 // In Wien gibt es ***530 Schulwarte***.

563 // DIE ZU REINIGENDE FLÄCHE IN WIENER SCHULEN IST SEIT 2005 UM 100.000 QUADRATMETER MEHR GEWORDEN.

---

564 // Die Wienerin Hedy Lamarr war in dem tschechischen Film »Ekstase« von 1933 in ***der ersten Nacktszene der Filmgeschichte*** zu sehen.

565 // Hedy Lamarr erfand das Prinzip des gleichzeitigen ***Frequenzwechsels***, ohne das es kein Bluetooth oder GSM gäbe sowie einen ***Pulverwürfel***, den man mit Wasser zu einem Colagetränk mischen konnte.

566 // Am 9. November 2015 widmete Google Hedy Lamarr ein ***animiertes Doodle*** zu ihrem 101. Geburtstag.

567 // Die Dachkuppel der Secession besteht aus ***3.000 vergoldeten Blättern und 700 Beeren***.

568 // In Wien gibt es noch ***drei Stuckgeschäfte***.

569 // ***Der Durchsagengong*** der Wiener Linien besteht aus der Note »A«.

SCHULE

570 // IN GANZ WIEN STEHEN UNGEFÄHR 12.000 FEUERHYDRANTEN.

571 // IN WIEN KOSTET EINE FAHRT MIT DEN ÖFFENTLICHEN DURCHSCHNITTLICH 34 CENT PRO KILOMETER. IN GRAZ SIND ES 52 CENT PRO KILOMETER.

572 // 3.560 PROSTITUIERTE SIND IN WIEN GEMELDET, RUND 1.500 GEHEN TÄGLICH IHRER ARBEIT NACH.

573 // ***74 % der Wiener Prostituierten*** kommen aus Rumänien, Ungarn oder Bulgarien. Aus Österreich kommen 3 %.

574 // Von den ***rund 6.600 Straßen- und Parknamen in Wien*** sind 4.379 nach Personen benannt.

575 // In Wien werden ***täglich 7 Delogierungen*** durchgeführt.

576 // DIE MEISTEN NACH PERSONEN BENANNTEN WIENER STRASSEN ODER PARKS HEISSEN NACH POLITIKERN (811), DANACH FOLGT ERST DIE KUNST MIT 368 SCHRIFTSTELLERN UND 350 MUSIKERN.

---

577 // 159 Wiener Straßen- und Parknamen sind ***als historisch kritisch*** einzustufen.

578 // Am Flughafen Wien arbeiten ***durchschnittlich 4.300 Mitarbeiter***.

579 // IN DEN RUND 220.000 GEMEINDEWOHNUNGEN DER STADT WIEN GIBT ES 1.600 HAUSMEISTERDIENSTWOHNUNGEN.

Musil

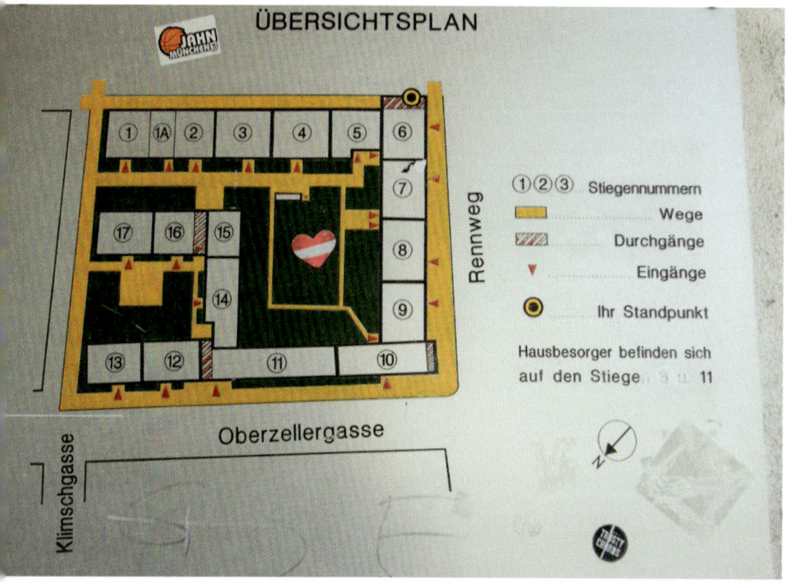
ÜBERSICHTSPLAN
JAHN MÜNCHEN
Rennweg
Oberzellergasse
Klimschgasse
①②③ Stiegennummern
Wege
Durchgänge
Eingänge
Ihr Standpunkt
Hausbesorger befinden sich
auf den Stiegen 3 u. 11

580 // Am Looshaus am Michaelerplatz prangt heute in großen Lettern ***»Raiffeisenbank Wien«***. Als das Haus erbaut wurde, stand da ***»Goldman & Salatsch«***.

581 // ***»Goldman & Salatsch« war ein Herrenausstatter***, der als Erster in Österreich ein Abonnementsystem einführte.

582 // Der Verein Minecraft Vienna, der ***für das Spiel Minecraft Wien aus Pixelblöcken nachbaut***, hat für »Wien Kanal« die Wiener Kanalisation von Naschmarkt bis Urania nachgebaut.

583 // WIENER UNTERNEHMER ZAHLEN PRO MITARBEITER ZWEI EURO AN U-BAHN-STEUER.

---

584 // Das ***erste österreichweit terrestrisch ausgestrahlte Privat-TV-Programm »ATV«*** startete 1997 in Wien als über Kabel betriebener Lokalsender W1.

585 // ***Wien ist die erste Stadt Europas***, die eine ganze Buslinie im Innenstadtbereich auf batteriebetriebene Vollelektrobusse ohne Oberleitung umgestellt hat.

586 // Die Stadt Wien besitzt einen ***Produktschutz auf die Signalscheiben*** der Ampelpärchen.

587 // Auf dem Ottakringer Yppenplatz steht ***Wiens erstes Erlebnis-Klo***. Für 50 Cent Eintritt wird man von einer Waldbildlandschaft und Vogelgezwitscher empfangen.

588 // 26 % der Wiener sind ***wegen einer ausländischen Staatsbürgerschaft*** von der Gemeinderatswahl ausgeschlossen.

589 // Im Rapid-Fanshop gibt es ***einen Kühlschrank im Rapid-Design*** für 499 Euro.

590 // Insgesamt fließen in die ***60 Schwimmbecken*** der städtischen Sommerbäder ***30 Millionen Liter Wasser***.

591 // Die Stadt Wien verkaufte den Flakturm im Esterhazypark ***um einen Euro*** an den Verein »Haus des Meeres«.

592 // Im 13. Jahrhundert befand sich im 3. Bezirk ein Krankenhaus, dessen ***Kapelle dem heiligen Markus geweiht*** war. Aus dessen Abkürzung, Sankt Marx, ging der Stadtteil St. Marx hervor.

593 // Im Fasching geben Wiener ***für Verkleidung, Deko, Krapfen und Eintritt*** durchschnittlich 54 Euro im Jahr aus. Zum Vergleich: Ein Kölner gibt alleine für Kostüme 62,5 Euro aus.

594 // 3 % der Wiener nehmen am ***Villacher Fasching*** teil.

595 // ***Unter »1503.kulpa.at« wird im Internet*** die Zeit mit einer Kopie der Stimme von Renate Fuczik angesagt, die von 1974 bis 2009 die Zeit unter der Telefonnummer 1503 sprach.

596 // In Wien gibt es Populationen des ***in der Roten Liste bedrohter Tierarten*** geführten Feldhamsters im 10., 11., 21. und 22. Bezirk, speziell am Zentralfriedhof.

597 // Ab und zu sieht man in Wien ***historische Straßenschilder mit farbiger Umrahmung***. Im 19. Jahrhundert war jedem der damals neun Bezirke eine andere Farbe zugeordnet: 1. rot, 2. violett , 3. grün, 4. rosa, 5. schwarz, 6. gelb, 7. blau, 8. grau, 9. braun.

598 // ***Eine Übernachtung in Wien*** kostet durchschnittlich 96 Euro.

599 // Der Chirurg Friedrich Weiser in Liesing hat ***die erste österreichische Kassenarztpraxis*** mit einem Video-Dolmetschsystem für Patienten mit Migrationshintergrund.

600 // Auf dem Bezirkswappen der Leopoldstadt und der Brigittenau sieht man eine Zunge. ***Sie steht für den heiligen Johannes Nepomuk.*** Weil er angeblich ein Beichtgeheimnis nicht verraten wollte und deswegen starb, ist die Zunge sein Symbol.

601 // ***Bezirkswappler sagt man in Wien*** zu einem kleinen unbedeutenden Bezirksfunktionär.

602 // Die Schwestern Emina und Sanela ***Mandzuka*** eröffneten den ersten Popcorn-Laden mit ***gezuckertem*** Popcorn in Wien.

603 // ***Ein Omelette Surprise*** wird mit einer Masse aus lauwarmen Eiern, Zucker, Mehl und Salz umhüllt, der sogenannten »Wiener Masse«.

604 // Die Tierrettung des Wiener Tierschutzvereins legte jährlich ***120***.000 km zurück. Nach ***120*** Jahren übernahm das städtische »TierQuarTier« am 1. Juli 2015 die Tierrettung in Wien.

605 // 16 % DER WIENER FAHREN ZUMINDEST GELEGENTLICH MIT DEM FAHRRAD EINKAUFEN.

---

606 // Jeder Wiener verbraucht ***pro Tag durchschnittlich*** 130 Liter Wasser.

607 // ***Den geringsten Wasserverbrauch*** gibt es in Wien in der Silvesternacht.

608 // Die Höhenstraße ist ***mit 14,986 Kilometern die längste Straße*** Wiens.

609 // Die erste Wohnung, die Adolf Hitler als ***dilettantischer*** Postkartenmaler in Wien bezog, war in der ***Stumpergasse***.

610 // In der Schönbrunner Straße im 12. Bezirk beherbergt das ***Zauberkastenmuseum mit 3.000 Exemplaren*** die größte Zauberkastensammlung der Welt.

611 // AM 3. NOVEMBER 1981 WURDE VOM FUNKTURM WIEN-ARSENAL ZUM WÄHLAMT MEIDLING DAS ERSTE GLASFASERKABEL ÖSTERREICHS IN BETRIEB GENOMMEN.

---

612 // Das mittelhochdeutsche Wort »gereiz« bedeutet so viel wie Umkreis. Daraus ***entstand die Bezeichnung »Grätzel«*** für einen Wiener Bezirk.

613 // Die Zirkusdirektorin Solange d'Atalide ***drehte 1914 auf einem Pferd sitzend auf dem Dach*** einer Riesenrad-Gondel eine ganze Runde.

614 // In Wien arbeiten ***87 % der Beschäftigten*** im Dienstleistungssektor.

615 // Die Skulptur des gekreuzigten Jesus in der Kreuzkapelle des Stephansdoms links vom Haupteingang ***trägt einen schwarzen Bart aus echten Haaren***.

616 // Die 1***68***6 gegründete Berufsfeuerwehr Wien ist der Magistratsabteilung ***68*** unterstellt.

617 // Die Berufsfeuerwehr Wien ist ***die älteste Berufsfeuerwehr*** der Welt.

618 // In Wien werden ***jährlich*** durchschnittlich 8.300 Unternehmen ***neu gegründet***.

619 // In Wien gibt es ***320 Rotlicht-Etablissements*** mit insgesamt 1.200 Zimmern.

620 // ***1910 hatte Wien*** 2,1 Millionen Einwohner.

621 // Laut Sacher-Kochbuch besteht ***die Garnitur eines Wiener Schnitzels*** nur aus einem Petersilsträußchen und einem Zitronensechstel pro Schnitzel.

622 // Das Wiener Schnitzel ist ***wahrscheinlich nicht***, wie oft behauptet, ***aus Italien importiert***, sondern eine Variante des eindeutig in Österreich erfundenen Backhendls.

623 // ***Im Biedermeier stand das Backhendl*** für die feine Wiener Küche und war nur Aristokraten und dem gehobenen Bürgertum vorbehalten.

624 // DEN RATHAUSMANN FIXIERT AUF DER TURMSPITZE EINE 16 CM DICKE UND 8 M LANGE EISENSTANGE, AN DER EINE 800 KG SCHWERE EISENKUGEL HÄNGT.

---

625 // 536.000 Wiener lesen ***täglich die Zeitung »heute«***.

626 // ***Das Riesentor*** des Stephansdoms wurde so genannt, weil bei der Grundaushebung für den Nordturm ***ein Mammutknochen*** gefunden wurde.

627 // Der Italiener Gianni Taroni erhielt 1750 die Erlaubnis, ***Tische und Stühle vor seinem Kaffeehaus aufzustellen*** und schuf damit den ersten Schanigarten Wiens, dessen Name sich wahrscheinlich von seinem Vornamen Gianni ableitet.

628 // Die bisher ***älteste Wienerin Maria Mika*** lebte von 1882 bis 1994 und wurde 112 Jahre alt.

629 // Die ***Stellungnahme des Alsergrunder Clubs »Grelle Forelle«*** zur Abweisung des Castingshow-Jurors Mario Soldo von ihrer Tür war die meistgelesene APA-Originaltext-Presseaussendung 2012.

630 // DIE MEISTEN
OBDACHLOSEN IN WIEN,
DIE AUS WESTLICHEN EU-
STAATEN KOMMEN, SIND AUS
DEUTSCHLAND.

631 // IN WIEN SIND CA. 435.000 BEHÄLTER FÜR DIE SAMMLUNG VON RESTMÜLL UND ALTSTOFFEN IM EINSATZ.

---

632 // Am Adlertor des Steffl-Nordturms hängt der sogenannte »Asylring«. ***Wer sich an ihn klammerte, war angeblich vor Strafverfolgung verschont.*** In Wirklichkeit war der Ring eine Umlenkrolle für Seile, mit denen Lasten auf den Adlerturm gezogen wurden.

633 // Der Prototyp der modernen Einbauküche, die »Frankfurter Küche«, wurde 1926 von ***der ersten Architekturstudentin Österreichs***, der Wienerin Margarete Schütte-Lihotzky, entworfen.

634 // In der Münchhausen-Geschichte ***»Die Wette mit dem Sultan«*** wettet Baron Münchhausen mit dem Sultan um seinen Kopf, dass es in Wien einen besseren Tokajer-Wein als in Ungarn gäbe.

635 // DIE ERSTE (MANUELL GESCHALTETE) VERKEHRSAMPEL IN WIEN WURDE 1926 AN DER OPERNKREUZUNG INSTALLIERT. DIE ERSTE AUTOMATISCHE AMPELANLAGE 30 JAHRE DANACH 1956 AN DER KREUZUNG ARGENTINIERSTRASSE/ GUSSHAUSSTRASSE.

WAIZINGER
WAIZINGER
MISTTELEFON

636 // 1994 wurde in Wien ***die letzte Verkehrsampel*** Ecke Mariahilferstraße/Schlossallee von manuell auf automatisch umgestellt.

637 // In München gibt es ***eine Innere Wiener Straße, aber keine Äußere***. In Regensburg dafür eine Äußere Wiener Straße, aber keine Innere.

638 // Jeder Buchstabe auf den Stations-Anzeigetafeln der Wiener U-Bahn kann ***aus einem Quadrat aus insgesamt 68 Leuchtsegmenten*** gebildet werden.

639 // Pro Jahr ***scheint in Wien die Sonne*** durchschnittlich 1.860 Stunden.

640 // Unter dem Denkmal des »Unbekannten Soldaten« am Heldenplatz wurde 2012 in einer Kapsel ***eine Nazi-verherrlichende Schrift*** des Bildhauers Wilhelm Frass entdeckt sowie eine pazifistische Gegenbotschaft eines seiner Schüler.

641 // DIE IN WIEN ANSÄSSIGE KLAVIERFIRMA »FEURICH« IST WELTWEIT DIE ERSTE, DIE SERIENMÄSSIG EIN VIERTES PEDAL (DAS OBERTONPEDAL »PÉDALE HARMONIQUE«) BEI IHREN MODELLEN EINSETZT.

---

642 // Von 1910 bis 1918 war Wien ***fünftgrößte Stadt der Welt***.

643 // Bis zum Zweiten Weltkrieg wurden vom »Roten Wien« genau ***63.736*** Gemeindebauten gebaut. Diese Zahl kann man ***von hinten und von vorne*** lesen.

644 // Der ***Moderator der Lottoziehung 6 aus 45*** Thomas May war Wiener Sängerknabe.

645 // ***Baguettes*** sind angeblich ***eine Wiener Erfindung***, die der Unternehmer August Zang im 19. Jahrhundert in seiner Wiener Bäckerei in Paris einführte.

646 // ***August Zang verkaufte 1848*** sein Bäckereiunternehmen in Frankreich und gründete in Wien die »Presse«.

647 // Eine Spezialität des Wiener Weins ist der ***sogenannte gemischte Satz***: Mehrere verschiedene Rebsorten aus einem Weingarten werden gemeinsam gelesen, gekeltert und vergoren.

648 // DAS MODELL FÜR DAS STANDBILD DES SOWJETISCHEN SOLDATEN AM HELDENDENKMAL AM SCHWARZENBERGPLATZ WURDE VOM BILDHAUER MICHAIL INTESARJAN IM SCHÜTZENGRABEN NOCH VOR DEM EINMARSCH IN ÖSTERREICH IN ERMANGELUNG ANDERER MATERIALIEN AUS SPECK UND BROTRESTEN UM EINE LEERE FLASCHE HERUM GEFORMT.

ГЕРОЯМ КРАСНОЙ АРМИИ, ПАВШИМ В
ФАШИСТСКИМИ

649 // Auf der Ostseite des Heldendenkmals am Schwarzenbergplatz steht unter dem Refrain der Hymne der Sowjetunion ***ein Zitat von Stalin*** in kyrillischer Schrift: »Von nun an wird über Europa die große Fahne der Freiheit der Völker und des Friedens zwischen den Völkern wehen.«

650 // IN DEM GEBÄUDE, DAS VORHER AN DER STELLE DER KÄRNTNERSTRASSE 16/NEUER MARKT 2 STAND, KOMPONIERTE JOSEPH HAYDN DAS KAISERLIED, DIE EHEMALIGE ÖSTERREICHISCHE VOLKS- UND JETZIGE DEUTSCHE NATIONALHYMNE.

651 // DAS MAHNMAL GEGEN KRIEG UND FASCHISMUS VON ALFRED HRDLICKA WURDE 1988 AM ALBERTINAPLATZ ENTHÜLLT. DREI JAHRE LANG FEHLTE ALLERDINGS DER HALBE TEIL DES »TORS DER GEWALT«, DER »HELDENTOD«, DER 1991 NACHGELIEFERT WURDE.

652 // Der »Stein der Republik« des Mahnmals gegen Krieg und Faschismus, auf dem die Österreichische Unabhängigkeitserklärung eingemeißelt ist, ist ***mit 8,4 m der größte Monolith***, der jemals aus den Mühlviertler Steinbrüchen verwendet wurde.

653 // ***Die gelbe Raute*** in der Fahne Brasiliens geht auf das österreichische Kaisergelb zurück.

654 // Etwa 50 Schausteller wohnen ***direkt im Wurstelprater***.

655 // Franziska Donner aus Inzersdorf war als Ehefrau von Präsident Rhee Syng-Man von 1946 bis 1960 ***die erste First Lady der Republik Korea***.

656 // Unter der Webadresse ***www.speckmitei.at*** gelangt man zur Seite von »Trzésniewski«.

657 // DIE INSTALLATION VON 1993 AM U-BAHNHOF WIEN LANDSTRASSE »PLANET DER PENDLER MIT DEN 3 ZEITMONDEN« IST DAS ÄLTESTE PERMANENTE VIDEO-COMPUTER-KUNSTWERK IM ÖFFENTLICHEN RAUM ÖSTERREICHS.

---

658 // ***»Wiener Massel«*** und ***»Wiener Eimer«*** waren Hohlmaße im 18. Jahrhundert.

659 // ***Der »Kurier« wurde ursprünglich 1945*** von der US-Besatzungsmacht gegründet und war die erste Boulevardzeitung Österreichs.

660 // Die Abkürzung seines Namens wird ***beim Espresso »W.I.F.«*** Landstraßer Hauptstraße 58 am großen Lokalschild mit »Welt im Film« erklärt. Auf einem kleineren Schild direkt daneben aber mit »Wiener Internationaler Film«.

661 // Die 343 Stufen zur Türmerstube des Stephansdoms wurden von Matjaž Mikloša beim ***Treppenlauf*** in der Rekordzeit von 1 Minute 17,75 Sekunden erklommen.

662 // Vorlage für den Musik-Film »The Sound Of Music« waren die ***Aufzeichnungen der Wienerin Maria Trapp***, die mit ihrem Familienchor, der Trapp-Familie, in den USA Furore machte.

663 // Ein Plakat der Wiener Linien formt aus einzelnen Buchstabengruppen auf U-Bahn-Stationsschildern den Satz ***»Bin gleich da«***. Die existenten Buchstabengruppen sind »ich« (U6 - Station Michelbeuren) und »da« (U1 - Station Leopoldau). »Bin« und »gle« entstanden am Computer.

664 // DIE 208 BALLSPIELPLÄTZE IN WIENER PARKS WERDEN VON DER MA 42 »KÄFIGE« GENANNT.

Du hast es in der Hand. Bau keinen Mist.
SCHAU NET WEG,
HAU EINE DEIN´ DRECK!
MISTTELEFON
546 48

665 // ***Obwohl vorgeschrieben ist***, dass die Straße auf den Hausnummernschildern stehen muss, gibt es welche ohne, z. B. Kärntner Straße 37 (Malteserkirche) oder Landstraßer Hauptstraße 72.

666 // ***Hausnummerntaferln in Wien*** müssen vorne stahlblau und hinten schwarz sein.

667 // ***Großbuchstaben*** auf Wiener Hausnummerntaferln müssen ***37 mm, Zahlen 110 mm hoch*** sein.

668 // Im Hauseingang Walfischgasse 6 ist noch eine alte Hausnummerntafel nach dem Durchzählungsprinzip (Nr. 1350), aber ***in neuem blau-weißen Look*** angebracht.

669 // In Wien gibt es ***21 Luxushotels***.

670 // DIE 17.500 PAPIERKÖRBE MIT DEN ASCHENROHREN UND DEN WITZIGEN SPRÜCHEN SIND EINE SPEZIELLE WIENER ABWANDLUNG DES MODELLS »HH 2000«.

671 // In direkter Nähe zur Großen und Kleinen ***Mohrengasse*** im 2. Bezirk befindet sich die ***Negerlegasse***. Sie ist benannt nach dem Kaufmann Michael Negerle, der hier das erste Haus baute.

672 // Beim »Urban Village« -Festival 2015 vor dem Wiener Rathaus wurde von den Besuchern mit 30 mal 30 Metern die ***weltgrößte Wienkarte*** gemalt.

673 // Die Firma »Wiener Kunstfilm« produzierte sowohl 1910 den ***ersten österreichischen Spielfilm*** (»Die Ahnfrau«) als auch 1911 die ***erste österreichische Wochenschau***.

674 // Das Große Palmenhaus im Schlosspark Schönbrunn besteht aus ***45.000 Glasscheiben und 55 Tonnen Fensterkitt***.

675 // AM HAUPTPORTAL DES STEPHANSDOMES SIEHT MAN RECHTS EINE DIGITALE UHR MIT SPRINGZIFFERN. IN DEN 1980ERN WURDE SIE ALS STILBRUCH KRITISIERT. SIE WAR ALLERDINGS BEREITS 1863 EINE SPRINGZIFFERNUHR.

---

676 // 1863 wurde die Springziffernuhr kritisiert, weil man dem einfachen Volk ***das Lesen römischer Zahlen*** nicht zutraute.

677 // Genau unter den beiden Uhren des Stephansdom-Hauptportals sind die Symbole für männliche und weibliche Genitalien in Stein gemeißelt. Sie symbolisieren die ***Vollkommenheit des Menschen***.

678 // Der knapp eineinhalb Meter breite ***finstere Zugang von der Gutenberggasse zur Spittelberggasse*** hat einen eigenen Eingang mit Hausnummer, in dem die »Akademische Burschenschaft Libertas« ihr Stammhaus hat.

679 // Die ***»Akademische Burschenschaft Libertas«*** ist die älteste noch bestehende Burschenschaft Österreichs.

680 // Das Hausnummernschild der Gutenberggasse 13 ist ***falsch geschrieben*** (mit zwei »t«).

681 // Am Haus Kaiserstraße 15 im 7. Bezirk kann man in ***großen Lettern den Namen Mizzi Langer-Kauba*** lesen. Sie leitete hier das erste Sportgeschäft Wiens und war die einzige weibliche Teilnehmerin am ersten Slalom der Sportgeschichte am Muckenkogel 1905.

682 // ***Das wienerische Wort »trickern«*** ist älter als das hochdeutsche Wort trocknen. Es stammt vom mittelhochdeutschen »trückenen«.

683 // Von 2010 bis 2013 gab der Alsergrund ***440.000 Euro für den Radverkehr aus***, die Leopoldstadt 6.300 Euro.

684 // Die Band Hakon und die Jungfrauen singt in einem ***2 Minuten 27 Sekunden dauernden Lied*** nur die Worte »Beidl« und »Fut«.

685 // Im weltweiten »Gay Happiness Index« 2015 steht ***Wien an 19. Stelle***.

686 // Der Regisseur Billy Wilder (»Manche mögen's heiß«) verbrachte seine Schulzeit 1914–1924 ***im Haus Fleischmarkt 7 im 1. Bezirk***, in dem Julius-Meinl-Kaffee 1862 gegründet wurde.

687 // Die »Wiener Zeitung« ist die älteste heute noch erscheinende Tageszeitung der Welt. Sie erschien ***zum ersten Mal am 8. August 1703***.

688 // ***»Karottenballett«*** ist ein neu-wienerischer Ausdruck für Müllmänner.

689 // Die Demo »Lichtermeer« 1993 in der Wiener Innenstadt war ***mit 250.000 bis 300.000 Teilnehmern*** die größte Demonstration in Österreich seit dem Zweiten Weltkrieg.

690 // Die ***drei bedeutendsten Denkmäler*** Anton Dominik Fernkorns in Wien stehen ***am Heldenplatz***: die Reiterstatuen von Erzherzog Karl und von Prinz Eugen sowie der Löwe von Aspern. Die Reiterstatuen stehen am Heldenplatz in der Inneren Stadt, der Löwe befindet sich am Asperner Heldenplatz.

691 // DIE 40 METER LANGE INSTALLATION »CA. 55 SCHRITTE DURCH EUROPA« IN DER U-BAHN-PASSAGE DES WESTBAHNHOFS WAR URSPRÜNGLICH MIT SPEZIELL DAFÜR KOMPONIERTER, AVANTGARDISTISCHER MUSIK DER JAZZBAND »REFORM ART UNIT« DES WIENERS FRITZ NOVOTNY UNTERLEGT, WAS ABER EINGESTELLT WURDE.

692 // Die einzige Autobuslinie in Wien, die ein hintangestelltes »M« hat, ist die 78M. Sie wird ***mit einem Antikbus vom Österreichischen Omnibusmuseum*** betrieben und fährt vom Schwedenplatz zum Verkehrsmuseum Remise mit einem Zwischenstopp beim Hundertwasserhaus.

693 // In Wien kann man »Verschwinde!« neben »Hupf in Gatsch und mach Wellen!« auch schön umschreiben mit ***»Hupf in an Kürbis und zähl di Kern!«***.

694 // Der in Wien lebende und am Zentralfriedhof begrabene Zeichner Ernst Juch, nach dem die Juchgasse benannt ist, ***kritzelte auf die neu erfundenen Postkarten Karikaturen*** und verschickte sie an Freunde. So wurde er neben anderen zu einem der Väter der Ansichtskarte.

695 // Im Café Prückel gab es früher ***eine »sprechende Uhr«***, die jede halbe Stunde laut ansagte.

696 // BEVOR DER WIENER EISLAUFVEREIN GEGRÜNDET WURDE, LIEFEN DIE WIENER AUF DEM WIENFLUSS UND AUF TEICHEN IM STADTPARK, TIERGARTEN UND BELVEDERE EIS.

697 // ***Die häufigsten Schnecken in den Pratertümpeln*** sind Deckelsumpfschnecke, Schlammschnecke und Tellerschnecke Posthörnchen.

698 // Ursprünglich war 1879 beim ***Bau des Riesenrads*** geplant, es höchstens ein, zwei Saisonen stehen zu lassen.

699 // Im Wurstelprater stand früher ein ***»Heiratsautomat«***. Beim ***Einwurf von 6 Hellern*** bekam jeder die »zukünftige Braut bzw. Bräutigam samt genauer Beschreibung« ausgespuckt.

700 // Im 3. Bezirk steht das weltweit ***größte Flüssigwaschmittelwerk*** von Henkel.

701 // Der erste Hollywoodfilm, in dem alle Haupt- und Nebenrollen mit Stars besetzt wurden, war »Menschen im Hotel« von 1932 mit Greta Garbo. Die Romanvorlage schrieb die ***Wienerin Vicky Baum***.

702 // Würde man alle Einwohner Wiens ***Schulter an Schulter*** nebeneinanderstellen, ergäbe das eine Menschenkette von Wien nach Bonn.

703 // Mit der in Wien jährlich gesammelten Menge von etwa ***13.000 Tonnen Altmetall*** könnte man 30 komplette Riesenräder bauen.

704 // Nach einer Urban Legend schmuggelte der Münchner Bildhauer Schwanthaler ***im Sockel des Austria-Brunnens*** auf der Freyung Zigaretten nach Österreich und bekam sie nicht rechtzeitig heraus. Bei einer Restaurierung des Brunnens wurden keine Zigaretten gefunden.

705 // Die beiden Straßenschilder Morzinplatz und Marc-Aurel-Straße im 1. Bezirk sind von einer neuen ***Glasfront der Superfund GmbH*** überdeckt.

706 // In Wien kommen ***pro Stunde durchschnittlich 2,2 Babys*** zur Welt.

707 // Pauken werden im Gegensatz zum Rest der Welt in Wiener Traditionsorchestern wie den Wiener Philharmonikern ***ausschließlich mit Ziegenfell*** bespannt.

708 // Im Brötchengeschäft Trześniewski wurde versucht, eine Maschine zu erfinden, die die Aufstriche aufspritzt, ***das klassische Auftragen per Hand*** hat sich aber als am effektivsten erwiesen.

709 // 1950 entfernten Helmut Qualtinger und Johannes Mario Simmel aus vielen Geschäftsschriftzügen der Wiener Innenstadt das »U«, um so ***gegen ein geplantes »Schmutz- und Schund-Gesetz«*** des schwarzen Unterrichtsministers Felix Hurdes zu demonstrieren.

710 // WENN DER WASSERVERBRAUCH IN WIEN AUSSERGEWÖHNLICH HOCH IST ODER WENN IN DEN HOCHQUELL-LEITUNGEN WARTUNGSARBEITEN STATTFINDEN, WIRD ZUSÄTZLICH GRUND-WASSER AUS DEN WASSERWERKEN LOBAU UND MOOSBRUNN EINGESPEIST.

711 // DER GRÜNE PLASTIKHASE

AUF DEM WÜRSTELSTAND BITZINGER VOR DER ALBERTINA IST DIE 20-FACHE VERGRÖSSERUNG DES DÜRER-HASEN IN DER ALBERTINA.

VAT BANK AG
der Raiffeisenlandesbank Oberösterreich

Peter Eickhoff, Karl Haimel

111 ORTE IN WIEN, DIE MAN GESEHEN HABEN MUSS

zahlreiche Abbildungen
Broschur, 13,5 x 20,5 cm, 240 Seiten
ISBN 978-3-89705-969-6

Über Wien, sollte man meinen, ist alles gesagt. Doch in der schönsten Stadt Mitteleuropas eröffnen sich immer wieder neue Blickwinkel. Wiens Geschichte ist überall sichtbar und schafft die fulminante Kulisse für eine bedingungslos aufregende Gegenwart.

111 Einblicke und Einsichten in ungewöhnliche Orte, überraschend, verstörend, amüsant und schön: hinter den diskret versteckten Tapetentüren der alten Monarchie ebenso wie in den schrill erleuchteten Entrees des New Vienna, in postmodernen Kaffeehäusern, musealen Beisln, politischen Waschsalons und längst vergessenen Hinterhöfen. Wo lassen sich Schriftsteller heimlich bestatten? Wo sind Design-Visionäre und Architektur-Rebellen zu Hause? Wo ist Wien richtig böse, und wo ist es richtig gemütlich? Wo ist das schönste Stundenhotel der Stadt? Und wo liegt der Kopf eines Mörders hinter Glas?

Katrin Hofmann

111 GESCHÄFTE IN WIEN, DIE MAN ERLEBT HABEN MUSS

Der ungewöhnliche Shopping-Guide!
zahlreiche Abbildungen
Broschur, 13,5 x 20,5 cm, 240 Seiten
ISBN 978-3-95451-618-6

Wien wird seinen Klischees gerecht: grantige Kellner, Fiaker, riesige Schnitzel, Erinnerungen an Sisi an jeder zweiten Ecke. Doch in Wirklichkeit ist es so viel mehr, denn Wien ist anders, so ist der Slogan der Stadt: Viele spezialisierte Traditionsunternehmen sind nach wie vor in den verschlungenen Gassen zu finden; die jungen Kreativen übernehmen leer stehende Geschäftslokale. Ein schöner Mix, der Wiens Slogan unterstreicht und den Fortschritt und die Vergangenheit vereint. Machen Sie sich auf, auf eine Reise in das alte und das neue Wien abseits der großen Einkaufsstraßen, und nehmen Sie Produkte mit Geschichte mit nach Hause.

»James Dean in Pferdeleder, Bibergel fürMänner und Oma-Torten mit Heilquell-Emblem – wo gibt's das in Wien? Katrin Hofmann hat einen schrägen Einkaufsführer geschrieben.« Kronen Zeitung

Gerd Wolfgang Sievers

111 ORTE DER WIENER KÜCHE, DIE MAN ERLEBT HABEN MUSS

zahlreiche Abbildungen
Broschur, 13,5 x 20,5 cm, 240 Seiten
ISBN 978-3-95451-337-6

Die Wiener Küche ist die einzige bedeutende Regionalküche der Welt, die nach einer Hauptstadt benannt ist, und Wien ist zugleich die einzige Hauptstadt auf der Welt, die innerhalb der Stadtgrenzen nicht nur bedeutenden Weinanbau, sondern auch Landwirtschaft betreibt. Essen und Trinken halten seit Jahrhunderten in Wien nicht nur Leib und Seele zusammen, sondern bestimmen das Leben der Metropole, wo die Mahlzeiten nicht der Nahrungsaufnahme dienen, sondern quasi als rituelle Kulthandlungen den Tagesablauf bestimmen. Und auch der Wiener Dialekt ist eine einzige kulinarische Metaphorik!

ANDRÉ STANLY, wurde 1970 in Wien geboren. Hier war er Volontär im Burgtheater und arbeitete als Autor für Ö3, Krone-Hit, das Gloria-Theater und den ORF (»Millionenshow«). Da er keinen Hofrat-Titel bekam, wanderte er aus und ist heute in Köln als TV-Producer und Autor tätig.

MIRELA STANLY ist in München geboren. Sie schrieb zahlreiche Sketche, Drehbücher und Konzepte für Radio und Fernsehen. Sie verliebte sich 2002 in einen Wiener und nach und nach auch in die Stadt.